煤炭建设项目经济评价方法与参数

中华人民共和国住房和城乡建设部　发布

中国计划出版社

2009 北京

图书在版编目（CIP）数据

煤炭建设项目经济评价方法与参数／中国煤炭建设协会，住房和城乡建设部标准定额研究所主编. —北京：中国计划出版社，2009. 12

ISBN 978－7－80242－360－2

Ⅰ. 煤… Ⅱ. ①中…②住… Ⅲ. 煤炭工业－基本建设项目－项目评价－中国 Ⅳ. F426. 21

中国版本图书馆CIP数据核字（2009）第194294号

煤炭建设项目经济评价
方法与参数

中华人民共和国住房和城乡建设部　发布

☆

中国计划出版社出版

（地址：北京市西城区木樨地北里甲11号国宏大厦C座4层）

（邮政编码：100038　电话：63906433　63906381）

新华书店北京发行所发行

世界知识印刷厂印刷

787×1092毫米　1/16　11　印张　251　千字

2009年12月第1版　2009年12月第1次印刷

印数1—6000册

☆

ISBN 978－7－80242－360－2

定价：58. 00元

中华人民共和国住房和城乡建设部
公　告

第 366 号

关于发布《煤炭建设项目经济评价方法与参数》的公告

现批准《煤炭建设项目经济评价方法与参数》，自 2009 年 12 月 1 日起施行。原《煤炭工业建设项目经济评价方法与参数》（1996 年版）停止使用。

在煤炭建设项目经济评价工作中，应按照《关于建设项目经济评价工作的若干规定》和本建设项目经济评价方法与参数执行，不断提高投资决策的科学化水平。

本建设项目经济评价方法与参数的管理由住房和城乡建设部负责，具体的解释工作由中国煤炭建设协会负责。

中华人民共和国住房和城乡建设部

二〇〇九年八月五日

编制说明

《煤炭建设项目经济评价方法与参数》（以下简称《煤炭项目方法与参数》）是根据原建设部《关于印发〈2008 年工程项目建设标准和建设项目评价方法与参数编制项目计划〉的通知》（建标函〔2008〕24 号），由住房和城乡建设部标准定额研究所与中国煤炭建设协会组织煤炭工业规划设计研究院和中煤国际工程集团南京设计研究院等单位和专家共同编制完成的。

在编制过程中，编制组开展了广泛深入的调查研究，收集了大量资料，在认真总结煤炭建设项目经济评价经验教训、开展专题研究的基础上，结合煤炭行业特点，以《建设项目经济评价方法与参数》（第三版）为依据，确定了《煤炭项目方法与参数》的内容。征求意见稿完成后，广泛征求了有关部门、单位及专家的意见，多次召开讨论座谈会，最后召开审查、复审会，会同有关部门审查定稿。

《煤炭项目方法与参数》由煤炭建设项目经济评价方法和煤炭建设项目经济评价参数组成，分别对财务分析、经济费用效益分析、费用效果分析、不确定性分析和风险分析、区域经济与宏观经济影响分析、财务分析参数和经济分析参数等内容作出了具体规定。

在《煤炭项目方法与参数》的使用过程中，请各有关部门和单位注意总结经验，积累资料。如发现需要修改和补充之处，请将意见告中国煤炭建设协会（地址：北京市和平里北街 21 号，邮编：100713），以便今后修订时参考。

二○○九年八月

目　录

煤炭建设项目
经济评价方法

1 总 则

1.0.1 为适应社会主义市场经济的发展，加强和规范煤炭建设项目经济评价工作，保证经济评价质量，提高项目决策的科学化水平，引导和促进煤炭资源的合理、有序开发，减少和规避投资风险，充分发挥投资效益，根据《国务院关于投资体制改革的决定》和《建设项目经济评价方法与参数》第三版（以下简称《方法与参数》第三版），制定本方法。

1.0.2 本方法适用于各类煤炭建设项目的前期研究工作（包括规划、机会研究、项目建议书、预可行性研究、可行性研究）。项目中间评价和后评价可参照使用。

1.0.3 煤炭建设项目属于资源开发类项目，按照项目组成内容，可分为矿区项目、集团项目、矿井（或含选煤厂）、露天矿（或含选煤厂）、选煤厂等。按项目与企业原有资产的关系，可分为新建项目和改扩建项目。按项目的融资主体不同，可分为新设法人项目和既有法人项目。

矿区项目由矿井（露天矿）、选煤厂、公用工程（包括矿区铁路、矿区公路、矿区供电与通信、矿区给水排水与供热、矿区环境保护及矿区行政指挥中心等）和为矿区服务的辅助企业等组成。

集团项目由矿井（露天矿）、选煤厂、自营铁路和按照煤炭产业链延伸需要而建设的自备电厂、焦化厂、化工厂、建材厂等附属企业及为集团项目服务的辅助企业等组成。

矿区项目和集团项目经济评价需要对项目本身和矿井（露天矿）、选煤厂分别进行。矿井（露天矿）、选煤厂之外的其他项目是否单独评价，应根据需要和具体情况确定。有外销产品的项目通常应予单独评价。

1.0.4 煤炭建设项目经济评价是煤炭建设项目前期工作的重要内容，是项目决策的重要手段。应根据国家、地区发展规划的要求，在项目初步工程技术方案的基础上，采用科学的分析方法，对拟建项目的财务可行性和经济合理性进行分析论证，为项目的科学决策提供经济方面的依据。

1.0.5 煤炭建设项目经济评价包括财务评价（也称财务分析）和国民经济评价（也称经济分析）。

财务评价是在国家现行财税制度和价格体系的前提下，从项目的角度出发，计算项目范围内的财务效益和费用，分析项目的盈利能力、偿债能力和财务生存能力，评价项目在财务上的可行性。

国民经济评价是在合理配置社会资源的前提下，从国民经济整体利益的角度出发，计算项目对国民经济的贡献，分析项目的经济效率、效果和对社会的影响，评价项目在宏观经济上的合理性。

煤炭建设项目经济评价的内容及侧重点，应根据项目性质、项目目标、项目投资者、项目财务主体以及项目对经济与社会的影响程度等具体情况选择确定。见表1.0.5。

表 1.0.5　煤炭建设项目经济评价内容选择参考表

项目类型 \ 分析内容		财务生存能力分析	偿债能力分析	财务盈利能力分析	经济费用效益分析	费用效果分析	不确定性分析	风险分析	区域经济与宏观经济影响分析
政府补助项目	预可行性研究	○	○	★	○	○	★	○	○
	可行性研究	★	★	★	★	○	★	○	○
企业投资（核准制）	预可行性研究	○	○	★	○	○	★	○	○
	可行性研究	★	★	★	○	○	★	○	○
企业投资（备案制）	预可行性研究	○	○	★	○	○	★	○	○
	可行性研究	★	★	★	○	○	★	○	—

注：表中★代表要做；○代表根据项目的特点，有要求时做，无要求时可以不做。

1.0.6　煤炭建设项目经济评价的深度，应根据项目决策工作不同阶段的要求确定，并应能满足项目预可行性研究报告和可行性研究报告审批、项目核准或备案的需要。项目规划、机会研究、项目建议书和预可行性研究阶段的经济评价可适当简化。可行性研究阶段的经济评价，应系统分析、计算项目的效益和费用，通过多方案经济比选推荐最佳方案，对项目建设的必要性、财务可行性、经济合理性、投资风险等进行全面的评价。

1.0.7　项目经济评价应遵循效益与费用计算口径对应统一的原则。财务评价应以项目所依托财务主体的财务边界为计算口径，国民经济评价除计算项目本身的直接效益和直接费用外，还应计算项目的间接效益和间接费用。

煤炭建设项目经济评价必须保证评价的客观性、科学性、公正性。通过“有无对比”，坚持动态分析与静态分析相结合，以动态分析为主；定量分析与定性分析相结合，以定量分析为主；全过程分析与阶段性分析相结合，以全过程分析为主；预测性分析与统计分析相结合，以预测性分析为主的原则。

1.0.8　煤炭建设项目经济评价的计算期，包括建设期和生产期。

建设期应根据项目实施计划确定。建设起点一般按开始年的年初考虑。

一般情况下生产期不宜超过 20 年。矿区项目和集团项目的计算期不宜超过 30 年，建设期超过 15 年的，可按建设期加 15 年生产期确定。矿井或露天矿（或含配套选煤厂）计算期一般不超过 25 年，独立选煤厂及其他单独评价项目的计算期可按 20 年确定。

对多水平或分区开拓的矿井，当先期开采水平或首采分区服务年限小于上述规定但大于或等于 15 年的矿井，一般可按先期开采水平或首采分区服务年限加建设期确定计算期。

对有特殊要求的项目，其计算期可按项目合理经济寿命周期（服务年限）或投资各方的合作期限确定。

对间隔时间较长的分期建设项目，一般只对一期（前期）工程进行评价。

计算现金流时间单位，一般采用年。

1.0.9 财务评价应采用以市场价格体系为基础的预测价格。

在建设期内，一般应考虑投入的相对价格变动和价格总水平变动——时价。

在生产期内，若能合理判断未来市场价格的变动趋势，投入与产出可考虑采用相对变动的价格——实价；若难以确定投入与产出的价格变动，一般可采用预测的项目生产期初的价格；有要求时，也可考虑价格总水平的变动。

鉴于煤炭建设项目的建设周期一般较长，煤炭产品价格受市场供求情况影响较大，较长时期内的投入与产出的价格变动情况难以准确预测，煤炭建设项目一般可采用以现行市场价格为基础测算的预测价格，但应就未能考虑的价格变动因素对评价指标的影响，进行敏感性分析。当建设投资估算不包括工程造价调整预备费时，预测价格采用建设期初价格，当建设投资估算包括工程造价调整预备费时，预测价格采用建设期末价格。

经济费用效益分析应采用以真实经济价值为基础的预测价格，不考虑价格总水平变动因素。

1.0.10 财务评价应遵循国家现行财务会计制度和税收制度，当两者不一致时，一般按“从税”的原则处理。由于财务效益与费用的识别和估算是对未来情况的预测，经济评价中允许做有别于财会制度的处理，但财务效益与费用的识别和估算总体应与财务会计制度和税收制度相适应。

1.0.11 煤炭建设项目经济评价需要充分的信息、资料和情报工作的支持。为保证经济评价工作质量，在项目经济评价过程中，要充分重视并切实做好市场预测、工程技术方案比选、建设投资和成本费用估算、实施进度安排等基础工作，经济评价选用的基础数据和相关参数应力求准确、可靠。

1.0.12 煤炭建设项目经济评价是一项重要而复杂的工作，经济评价人员应本着实事求是的原则，如实反映客观情况，评价结论要求做到求实、公正、科学、可靠，使其真正成为项目科学决策的依据。

1.0.13 本方法在使用时应注意现行财务会计制度、税收制度及相关法规等有关前提条件的变化。当国家相关政策和制度法规改变时，从其规定。当使用国内资金开发建设或并购境外项目时，应注意与项目所在国家或地区财税法规相结合。

2 财 务 分 析

2.1 财务分析方法

2.1.1 煤炭建设项目财务分析方法执行《方法与参数》第三版的有关规定。

2.1.2 煤炭建设项目财务分析应在项目财务效益与费用估算的基础上，通过编制财务分析报表，计算财务分析指标，分析项目的盈利能力、偿债能力和财务生存能力，判断项目的财务可接受性，明确项目对财务主体及投资者的价值贡献，为项目决策提供依据。

对于营利性项目，财务分析应分析项目的盈利能力、偿债能力和财务生存能力；对于非营利性项目，财务分析应主要分析项目的财务生存能力。

财务分析可分为融资前分析和融资后分析。一般宜先进行融资前分析，在融资前分析结论满足要求的情况下，初步设定融资方案，再进行融资后分析。

在项目建议书阶段，可只进行融资前分析。

2.1.3 盈利能力分析的主要指标包括项目投资财务内部收益率、财务净现值、项目资本金财务内部收益率、项目投资回收期、总投资收益率和项目资本金净利润率等，可根据项目的特点及财务分析的目的、要求等选用。

1. 财务内部收益率（*FIRR*）系指能使项目计算期内净现金流量现值累计等于零时的折现率，即 *FIRR* 作为折现率使下式成立：

$$\sum_{t=1}^{n}(CI-CO)_t(1+FIRR)^{-t}=0 \qquad (2.1.3-1)$$

式中 CI——现金流入量；

CO——现金流出量；

$(CI-CO)_t$——第 t 期的净现金流量；

n——项目计算期。

项目投资财务内部收益率、项目资本金财务内部收益率和投资各方财务内部收益率都依据上式计算，但所用的现金流入和现金流出不同。

当财务内部收益率大于或等于所设定的判别基准 i_c时，项目方案在财务上可考虑接受。项目投资财务内部收益率、项目资本金财务内部收益率和投资各方财务内部收益率可有不同的判别基准。

2. 财务净现值（*FNPV*）系指按设定的折现率（一般采用基准收益率 i_c）计算的项目计算期内净现金流量的现值之和，可按下式计算：

$$FNPV=\sum_{t=1}^{n}(CI-CO)_t(1+i_c)^{-t} \qquad (2.1.3-2)$$

式中 i_c——设定的折现率（同基准收益率）。

一般情况下，财务盈利能力分析只计算项目投资财务净现值，可根据需要选择计算所得税前净现值或所得税后净现值。

按照设定折现率计算的财务净现值大于或等于零时，项目方案在财务上可考虑接受。

3. 项目投资回收期（P_t）系指以项目的净收益回收项目投资所需要的时间，一般以年为单位。项目投资回收期宜从项目建设开始年算起，若从项目投产开始年计算，应予以特别注明。项目投资回收期可采用下式表达：

$$\sum_{t=1}^{P_t}(CI-CO)_t=0 \qquad (2.1.3-3)$$

项目投资回收期可借助项目投资现金流量表计算。项目投资现金流量表中累计净现金流量由负值变为零的时点，即为项目的投资回收期。投资回收期应按下式计算：

$$P_t=T-1+\frac{\left|\sum_{i=1}^{T-1}(CI-CO)_i\right|}{(CI-CO)_T} \qquad (2.1.3-4)$$

式中 T——各年累计净现金流量首次为正值或零的年数。

投资回收期短，表明项目投资回收快，抗风险能力强。

如果项目建设起点不是开始年的年初，投资回收期的时间段应相应顺延，计算式需相应调整为：

$$P_t=T-1-\frac{\text{项目开始月份}-1}{12}+\frac{\left|\sum_{i=1}^{T-1}(CI-CO)_i\right|}{(CI-CO)_T} \qquad (2.1.3-5)$$

4. 总投资收益率（ROI）表示总投资的盈利水平，系指项目达到设计能力后正常年份的年息税前利润或生产期内年平均息税前利润（$EBIT$）与项目总投资（TI）的比率。总投资收益率应按下式计算：

$$ROI=\frac{EBIT}{TI}\times100\% \qquad (2.1.3-6)$$

式中 $EBIT$——项目正常年份的年息税前利润或生产期内年平均息税前利润；

TI——项目总投资。

总投资收益率高于同行业的收益率参考值，表明用总投资收益率表示的盈利能力满足要求。

5. 项目资本金净利润率（ROE）表示项目资本金的盈利水平，系指项目达到设计能力后正常年份的年净利润或生产期内年平均净利润（NP）与项目资本金（EC）的比率。项目资本金净利润率应按下式计算：

$$ROE=\frac{NP}{EC}\times100\% \qquad (2.1.3-7)$$

式中 NP——项目正常年份的年净利润或生产期内年平均净利润；

EC——项目资本金。

项目资本金净利润率高于同行业的净利润率参考值，表明用项目资本金净利润率表示的盈利能力满足要求。

2.1.4 偿债能力分析通过计算利息备付率、偿债备付率和资产负债率等指标，分析判断财务主体的偿债能力。各项偿债能力分析指标按下列公式计算：

1. 利息备付率（ICR）系指在借款偿还期内的息税前利润（$EBIT$）与应付利息（PI）的比值，它从付息资金来源的充裕性角度反映项目偿付债务利息的保障程度，应按下式计算：

$$ICR = \frac{EBIT}{PI} \tag{2.1.4-1}$$

式中 $EBIT$——息税前利润；

PI——计入总成本费用的应付利息。

利息备付率应分年计算。利息备付率高，表明利息偿付的保障程度高。

利息备付率应当大于1，并结合债权人的要求确定。

2. 偿债备付率（$DSCR$）系指在借款偿还期内，用于计算还本付息的资金（$EBITDA - T_{AX}$）与应还本付息金额（PD）的比值，它表示可用于还本付息的资金偿还借款本息的保障程度，应按下式计算：

$$DSCR = \frac{EBITDA - T_{AX}}{PD} \tag{2.1.4-2}$$

式中 $EBITDA$——息税前利润加折旧、摊销、井巷工程费、剩余维简费；

T_{AX}——企业所得税；

PD——应还本付息金额，包括还本金额和计入总成本费用的全部利息。融资租赁费用可视同借款偿还。生产期内的短期借款本息也应纳入计算。

如果项目在生产期内有维持运营的投资，可用于还本付息的资金应扣除维持运营的投资。

偿债备付率应分年计算，偿债备付率高，表明可用于还本付息的资金保障程度高。

偿债备付率应大于1，并结合债权人的要求确定。

3. 资产负债率（$LOAR$）系指各期末负债总额（TL）同资产总额（TA）的比率，应按下式计算：

$$LOAR = \frac{TL}{TA} \times 100\% \tag{2.1.4-3}$$

式中 TL——期末负债总额；

TA——期末资产总额。

适度的资产负债率，表明企业经营安全、稳健，具有较强的筹资能力，也表明企业和债权人的风险较小。对该指标的分析，应结合国家宏观经济状况、行业发展趋势、企业所处竞争环境等具体条件判定。项目财务分析中，在长期债务还清后，可不再计算资产负债率。

2.1.5 财务生存能力分析是通过编制财务计划现金流量表，考察项目计算期内的投资、融资和经营活动所产生的各项现金流入和流出，计算净现金流量和累计盈余资金，分析项目是否有足够的净现金流量维持正常运营，以实现财务可持续性。

2.1.6 煤炭建设项目的维持运营投资是指为了维持正常生产而在生产期间内发生的固定资产投资或费用，包括固定资产更新投资、安全生产投入、维简费投入、生产期需要支付的采矿权价款或转让费、开拓延深费和追加投资等。

2.1.7 财务分析报表包括下列基本报表（见附表一）和辅助报表（见附表二）：

基本报表1　项目投资现金流量表；
基本报表2　项目资本金现金流量表；
基本报表3　投资各方现金流量表；
基本报表4　利润与利润分配表；
基本报表5　财务计划现金流量表；
基本报表6　资产负债表；
基本报表7　借款还本付息计划表；
辅助报表1　建设投资估算表；
辅助报表2　资产原值估算表；
辅助报表3　建设期利息估算表；
辅助报表4　流动资金估算表；
辅助报表5　投资使用计划与资金筹措表；
辅助报表6　销售收入、销售税金及附加和增值税估算表；
辅助报表7　总成本费用估算表；
辅助报表8　固定资产折旧费及井巷工程费估算表；
辅助报表9　无形资产和其他资产摊销费估算表；
辅助报表10　职工薪酬估算表。

2.2　项目总投资

2.2.1　煤炭建设项目经济评价中的总投资包括建设投资、建设期利息和流动资金三部分。

2.2.2　建设投资的构成可按概算法分类或按形成资产法分类。根据煤炭建设项目前期研究各阶段对投资估算精度的要求、行业特点和相关规定，可选用相应的投资估算方法，一般先按概算分类法估算建设投资，然后根据形成资产分类法进行归并。投资估算的内容与深度应满足项目前期研究各阶段的要求，并为融资方案的研究制定提供基础。

1. 按概算法分类，建设投资由建筑安装工程费（矿建工程费、土建工程费、安装工程费）、设备及工器具购置费、工程建设其他费用、预备费组成。

2. 按形成资产法分类，建设投资由形成固定资产的费用、形成无形资产的费用、形成其他资产的费用三部分组成。

建设投资的分期使用计划应根据项目进度计划安排，应明确各期投资额以及其中的外汇和人民币额度。

2.2.3　煤炭建设项目投资估算的编制原则、投资范围、编制依据及表格形式应符合现行煤炭建设工程造价编制与管理办法的有关规定，非煤项目投资估算的编制，应符合相应行业的有关规定和要求。

2.2.4　建设投资估算一般可采用扩大指标估算法、概算指标估算法、比例法等方法。受设计资料深度的限制，建设投资估算也可多种方法综合使用。

2.2.5　建设投资中的预备费包括工程预备费和工程造价调整预备费。工程预备费系指在项目可行性研究阶段难以预料的工程和费用，工程造价调整预备费系指建设项目在建设期间由于价格等变化引起工程造价变化的预测预留费用。

2.2.6 按照《财政部、国土资源部关于深化探矿权采矿权有偿取得制度改革有关问题的通知》(财建〔2006〕694号)规定，矿业权(含探矿权和采矿权，下同)价款首先应当以资金方式向国家缴纳；对以资金方式向国家缴纳探矿权、采矿权价款确有困难的，可遵循探矿权、采矿权人自愿原则，经批准后以折股方式缴纳，或经探矿权、采矿权审批登记管理机关批准，可在探矿权、采矿权有效期内分期缴纳。其中探矿权价款最多可分2年缴纳，第一年缴纳比例不应低于60%；采矿权价款最多可分10年缴纳，第一年缴纳比例不应低于20%。分期缴纳价款的探矿权、采矿权人应承担不低于同期银行贷款利率水平的资金占用费。

矿业权价款的缴纳额度、缴纳方式和缴纳期限还应考虑各省(自治区、直辖市)的有关规定。

无论以资金方式还是以折股方式缴纳，矿业权价款均应计入项目的投资。

探矿权价款一般应在项目开工建设前或项目建成投产前已经缴纳完毕，应全部计入建设投资。采矿权价款分期缴纳时，建设工期大于采矿权价款允许缴纳期限的项目，采矿权价款只在建设期缴纳，应全部计入建设投资。建设工期小于采矿权价款允许缴纳期限的项目，在建设期缴纳的采矿权价款应计为项目的建设投资，在项目投入生产以后时期缴纳的采矿权价款，视为生产期投入，计入维持运营投资。

从二级市场取得矿业权需要支付的矿业权转让费，其支付方式按转让协议的规定确定，计入建设投资或维持运营投资的原则同采矿权价款。

2.2.7 在建设投资分年计划的基础上可设定初步融资方案，对采用债务融资的项目应估算建设期利息。建设期利息系指筹措、占用债务资金时在建设期内发生并按规定允许在投产后计入固定资产原值的资本化利息。

建设期利息包括银行借款和其他债务资金的利息以及其他融资费用。

其他融资费用是指某些债务融资中发生的手续费、承诺费、管理费、信贷保险费等融资费用，原则上应按该债务资金的债权人的要求单独计算，并计入建设期利息。不涉及国外贷款的项目，可简化处理计入建设投资，在工程建设其他费用中增列“其他融资费用”项。当债务资金的债权人要求不明确时，其他融资费用可按建筑安装工程费、设备及工器具购置费的0.3%估算。

采矿权人因分期缴纳矿业权价款而在建设期间发生的资金占用费，计入建设期利息。

矿区项目和集团项目建设期利息应按各单项工程分别计算建设期利息后予以叠加求和。

分期建设的矿井(或含选煤厂)、露天矿(或含选煤厂)、选煤厂项目，应注意按各期投产时间分别停止借款利息的资本化。对间隔时间较短的分期建设项目不分期评价时，除一期工程以外的各期工程建设期间发生的借款利息均不再资本化。

2.2.8 流动资金系指生产期内长期占用并周转使用的营运资金，不包括运营中需要的临时性营运资金。

项目铺底流动资金系指营利性建设项目为保证生产和经营正常进行所需先行垫付的流动资金。

根据不同的研究阶段，流动资金可选用扩大指标法或分项详细法进行估算。具体方法见附件一“煤炭建设项目流动资金估算方法”。

2.2.9 建设投资形成的固定资产原值用于计算折旧费（形成的井巷、露天剥离等矿山建筑固定资产除外），形成的无形资产和其他资产原值用于计算摊销费。

建设投资中的预备费按比例全部分摊计入固定资产原值、无形资产原值和其他资产原值。

建设投资中的设备购置费包括购进设备时发生的进项税，该税款不形成固定资产原值。

建设期利息计入固定资产原值。

流动资金与流动负债共同形成流动资产。

2.3 资金来源与融资方案

2.3.1 煤炭建设项目所需资金一般来源于项目资本金和债务资金。

1. 项目资本金，即项目权益资金，是指建设项目总投资中，由投资者认缴的出资额。在外商投资项目中，注册资本视同项目资本金，投资总额视同建设项目总投资。

2. 债务资金是指在国内外银行贷款、国际金融组织贷款、外国政府贷款、出口信贷、发行债券等方式筹集的资金。

2.3.2 设定融资方案，首先需要确定融资主体。融资主体是指进行融资活动、承担融资责任和风险的项目法人单位。根据融资主体不同，项目融资可分为既有法人融资和新设法人融资两种方式。

1. 既有法人融资方式是以既有法人为融资主体的融资方式。采用既有法人融资方式的建设项目，既可以是改扩建项目，也可以是非独立法人的新建项目。

2. 新设法人融资方式是以新组建的具有独立法人资格的项目公司为融资主体的融资方式。采用新设法人融资方式的建设项目一般是新建项目，但也可以是将既有法人的一部分资产剥离出去后重新组建新的项目法人的改扩建项目。

2.3.3 煤炭建设项目资金筹措可以从国内融资和国外融资两个渠道来考虑，也可以按照资本金、债务资金、其他资金三个渠道来筹措。

2.3.4 资本金可通过股东直接投资、发行股票和政府投资等渠道和方式筹措。根据《国务院关于调整固定资产投资项目资本金比例的通知》（国发〔2009〕27号）要求，煤炭建设项目资本金应占建设投资、建设期利息与铺底流动资金之和的30%及以上。

2.3.5 债务资金可通过商业银行贷款、政策性银行贷款、外国政府贷款、国外金融组织贷款、出口信贷、银团贷款、企业债券、短期融资券、国际债券、融资租赁等渠道和方式筹措。

2.3.6 其他资金主要包括既有法人的内部融资资金和准股本资金。准股本资金包括优先股股票和可转换债券。在项目评价中，优先股股票应视为项目资本金，可转换债券应视为项目债务资金。

2.3.7 项目评价人员应对资金来源的可靠性、资金结构的合理性、融资成本高低和融资风险大小进行综合分析，结合融资后财务分析，比选确定融资方案。

2.4 成本和费用

2.4.1 原（选）煤成本费用系指建设项目竣工投产后在生产期内为生产产品所发生的全

部费用。其估算应符合下列要求：

1. 矿井、露天矿以产出原煤量为估算对象，选煤厂以处理原煤量或选煤产品量为估算对象。

2. 按费用要素法估算成本费用，其成本费用等于经营成本各构成要素与折旧费、维简费、井巷工程费、安全费用、摊销费、利息支出等要素之和。

经营成本指项目生产期内为维持项目运营而发生的经常性费用支出。若经营成本在选定的计算期内波动幅度较大时，应逐年估算，或者估算具有代表性年份数据。其表达式如下：

$$\begin{aligned}\text{经营成本} = &\ \text{材料费} + \text{燃料及动力费} + \text{职工薪酬} + \text{修理费} + \\ &\ \text{地面塌陷赔偿费} + \text{其他支出}\end{aligned} \tag{2.4.1}$$

3. 成本费用估算应遵循国家现行企业财务会计制度规定的成本和费用核算方法，同时应遵循有关税收制度中准予在所得税前列支科目的规定。当两者不一致时，通常按从税的原则处理。

4. 涉及增值税的各费用要素，均按不含增值税价格估算。

2.4.2 达产前年度经营成本的估算，以达产年经营成本为基础用系数调整。计算公式如下：

$$\begin{aligned}\text{达产前某年经营成本} = &\left(\text{达产年固定经营成本} - \text{达产年职工薪酬固定成本部分}\right) \times \text{调整系数} + \\ &\left(\text{达产年单位产品可变经营成本} - \text{达产年单位产品职工薪酬可变成本部分} - \text{达产年单位产品地面塌陷赔偿费}\right) \times \\ &\text{达产前某年产量} \times \text{不熟练系数} + \text{达产前某年职工薪酬} + \text{达产前某年地面塌陷赔偿费}\end{aligned} \tag{2.4.2}$$

达产年固定经营成本指达产年经营成本中的固定成本部分。

达产年单位产品可变经营成本指达产年单位产品经营成本中的可变部分。

调整系数的取定原则为：当产量不足设计生产能力50%时，按0.5计算；产量为设计生产能力50%～75%时，按0.75计算；产量为设计生产能力的75%以上时，按1.0计算。

不熟练系数的取定原则为：投产第一年为1.2；投产第二年为1.1；投产第三年及以后为1.0。

达产前某年职工薪酬按照劳动定员与薪酬标准计算。

达产前某年地面塌陷赔偿费按照当年产量和费用标准计算。

达到设计生产能力后经营成本估算，应考虑煤矿开采条件变化、技术进步和管理水平提高等的影响。

2.4.3 矿区项目或集团项目的总成本费用按项目的各单项成本费用相加取得。项目内部之间相互提供的产品或服务不计为成本费用。

2.4.4 矿井、露天矿、选煤厂成本费用估算方法按照附件二“煤炭建设项目成本费用估算方法”执行。矿区项目和集团项目涉及的矿井（露天矿）、选煤厂以外的其他单项工程成本费用估算可执行相关行业规定。

2.4.5 国家在今后政策中规定的、各省（自治区、直辖市）作出特殊规定允许在成本中列支的其他成本科目，从其规定。

2.5 销售收入

2.5.1 煤炭建设项目的销售收入是销售煤炭产品所获得的不含税销售额，包括主产品销售收入和副产品销售收入。

销售收入应根据生产期各年煤炭产品的销售量和预测的煤炭售价估算。生产期各年产品的数量应根据设计产品方案、市场需求、产品的寿命期增减变化等因素，结合项目特点，通过制定生产、销售计划合理确定。煤炭售价估算应在市场预测与分析的基础上进行，特别要注意目标市场有效需求的分析。

矿区项目或集团项目的销售收入为其包括的各个单项产品销售收入之和。当矿区项目或集团项目为一个法人统一对外经营时，根据效益与费用计算口径统一的原则，只计算向项目外部提供的产品和服务所获取的收入，项目内部之间相互提供的产品或服务，不计为项目的收入。

矿区项目或集团项目中的矿井（露天矿）、选煤厂、有外销产品的非煤项目单独进行评价时，若其产出物是下游项目的投入物，产出物价格应与下游项目的相应成本费用计算基础相一致。

2.5.2 煤炭产品销售价格通常以市场价格或与用户签订的合同价为基础，以出厂价计算。市场价格应根据建设项目产出品的煤种、品种、质量等指标，对市场进行调查研究后，在遵循谨慎性原则的基础上，科学地预测并确定。

2.5.3 预测内销煤炭产品销售价格，一般采用需求导向定价法，预测时应坚持以下原则：

1．在正确分析煤炭市场供求状况、销售渠道、合理流向、目标市场的基础上预测煤价。

2．坚持按质论价和同一地点、同一时点同质同价的原则。

3．炼焦用煤以灰分为计价基础，动力用煤以发热量为计价基础。

2.5.4 预测内销煤炭产品销售价格，可分别以用煤地区的煤炭价格、产地或交易地的煤炭价格作为测算基础。

1．以用煤地区（城市）价格为基础。以拟建项目煤炭产品供应的主要地区（城市）现行市场价格作为确定拟建项目煤炭产品售价的基础，根据拟建项目煤炭产品的煤种、产品品种、质量指标寻找到相应产品的市场价格，再根据煤炭产品合理的销售渠道，计算出拟建项目煤炭产品的出厂价格。计算公式如下：

$$P = P_0 - C \qquad (2.5.4-1)$$

式中 P——拟建项目煤炭出厂价格；

P_0——用来参照的用煤地区（城市）煤炭价格；

C——拟建项目产品运至该用煤地区（城市）的运杂费等各种费用之和。

2．以产地、交易地价格为基础。选择某一产地或交易地的煤炭销售价格作为确定出厂价格的参照煤价，根据项目煤质与所参照煤价的质量差异及煤炭的合理流向等情况，计算拟建项目煤炭产品的出厂价格。计算公式如下：

$$P = \frac{K_1}{K_0} \cdot P_0 - C \qquad (2.5.4-2)$$

式中 P——拟建项目煤炭出厂价格；

P_0——用来参照的某一地点的煤炭价格；

K_1——拟建项目煤炭产品的质量比价系数；

K_0——所选参照价格煤炭产品的质量比价系数；

C——拟建项目产品运至参照煤价所在地的运杂费等各种费用之和。

煤炭质量比价系数按附件三“煤炭质量比价系数”确定。

2.5.5 预测内销煤炭产品销售价格应注意以下事项：

1. 老矿、厂改扩建项目，应选择该矿、厂煤炭实际销售价格为参照价格。

2. 老矿区建新矿，应选择该矿区范围内与拟建项目煤种、煤质相同或相似的煤炭销售价格为参照价格。

3. 新矿区建新矿，在选择拟建项目的参照煤价时，应优先选择与本矿、本矿区邻近矿区煤种、品种、质量相同或相似的煤炭销售价格为其参照煤价。当上述条件无法满足时，也可选择拟建项目产品的目标地区、国内煤炭交易市场、国际煤炭交易市场煤种、品种、质量相同或相似的煤炭交易价格为参照煤价。

4. 若拟建项目产品有较为明确的目标市场时，该目标市场同类产品的价格应作为首选的参考价格。

5. 以既有煤炭产品实际销售价格做参照煤价时，应选用大用户的订货价格，并参考零散用户的价格综合分析确定。

6. 参照煤价 P_0 可按近三年的实际价格平均值，并经综合分析确定。

2.5.6 外销煤炭产品应以国际煤炭市场交易价、出口煤炭产品的离岸价为基础，比照内销煤炭产品价格预测方法预测其产品售价。一般情况下，产品销售收入仍以出厂价计算。

2.6 税金

2.6.1 根据现行财税制度，煤炭建设项目经济评价涉及的税费主要有：

1. 进入建设投资的税金：营业税、城市维护建设税、教育费附加、设备进项税与关税、进入建设单位管理费和建设用地费的各项税金。

2. 进入产品成本费用的税金：房产税、土地使用税、车船使用税、印花税、进口材料和备品备件的关税等。

3. 从销售收入中直接扣除的销售税金及附加：城市维护建设税、教育费附加和资源税。

4. 与产品流通过程有关的税金：增值税。

5. 从利润中扣除的税金：企业所得税。

适用税种的确定和税率的选择，应根据相关税法和项目的具体情况确定。如项目能获得减免税优惠，应说明依据及减免方式，并按相关规定估算。

2.6.2 煤炭建设项目财务分析需要单独计算的税种主要有以下几种：

1. 关税。煤炭建设项目涉及引进设备、技术和进口原材料时，应按有关税法和国家的税收优惠政策，正确估算进口关税，投资估算时应将所需外汇额度单独列表。出口煤炭产品若属征收关税范围，应按规定估算出口关税。关税的计算暂按《国务院关税税则委员会关于2008年关税实施方案的通知》（税委会〔2007〕25号）执行，若税率发生调整，应按调整后的税率执行。

2. 增值税。是以商品流通各环节新增价值为征收对象的流转税，应纳增值税额为当期销项税额抵扣当期进项税额后的余额。根据《中华人民共和国增值税暂行条例》和《中华人民共和国增值税暂行条例实施细则》规定，煤炭产品的增值税率为17%。进项税额在经济评价阶段难于直接获取，可按成本中材料、燃料及动力费的不含税购入费和修理费为计算基数估算，进项税率按17%，另考虑设备更新时购进或者自制设备发生的进项税额。

建设投资中包括的购进设备进项税，在项目投入生产后的销项税中抵扣。当期销项税额小于当期应抵扣进项税额时，其不足部分可以结转下期继续抵扣。

增值税的计算公式为：

$$\text{应纳税额} = \text{当期销项税额} - \text{当期进项税额} - \text{结转上期进项税额} \qquad (2.6.2-1)$$

$$\text{销项税额} = \text{销售额} \times \text{销项税率} \qquad (2.6.2-2)$$

$$\text{进项税额} = \text{不含税购入费} \times \text{进项税率} \qquad (2.6.2-3)$$

3. 营业税。根据《中华人民共和国营业税暂行条例》规定，交通运输业（含铁路运输、管道运输）税率为3%，建筑业（含安装工程）税率为3%。应纳税额计算公式为：

$$\text{应纳税额} = \text{营业额} \times \text{税率} \qquad (2.6.2-4)$$

含有自营铁路的项目，计算铁路运营成本和运营收入的同时，还应计算营业税，并相应调整有关财务分析报表中的科目设置。

4. 城市维护建设税。根据《关于城市维护建设税征收问题的通知》（财法字〔1993〕第42号），以纳税人实际缴纳的增值税、营业税为计算依据，其税率按纳税发生地的适用税率执行：在市区的为7%，在县镇的为5%，不在市区、县镇的为1%。

5. 教育费附加。根据《国务院关于修改〈征收教育费附加的暂行规定〉的决定》（国务院令第448号）的规定，教育费附加以各单位和个人实际缴纳的增值税、营业税、消费税的税额为计征依据，教育费附加率为3%。

教育费附加是地方收取的专项费用，税率在国家规定基础上地方也有规定，项目评价中应注意当地的规定。

6. 资源税。根据《中华人民共和国资源税暂行条例》及《中华人民共和国资源税暂行条例实施细则》（〔1993〕财法字第043号）的规定，在中华人民共和国境内开采天然气、煤炭等矿产品的单位和个人，为资源税的纳税义务人。资源税的应纳税额，按照应税产品的课税数量和规定的单位税额计算。应纳税额计算公式：

$$\text{应纳税额} = \text{课税数量} \times \text{单位税额} \qquad (2.6.4-5)$$

式中的课税数量为纳税人销售和自用的原煤数量，不包括洗煤及其他煤炭制品；单位税额为煤炭每吨资源税额。各地区的吨煤资源税额按《中华人民共和国资源税暂行条例实施细则》（〔1993〕财法字第043号）及近年相继出台的相关文件执行。

7. 企业所得税。项目评价中应注意按有关税法对所得税前扣除项目的要求，正确计算应纳税所得额，并采用规定的税率计算企业所得税，同时注意正确使用有关的所得税优惠政策，并加以说明。

$$企业所得税应缴额 = 应纳税所得额 \times 所得税率 \qquad (2.6.4-6)$$

根据《中华人民共和国企业所得税法》和《中华人民共和国企业所得税法实施条例》，企业所得税率为25%。

3　经济费用效益分析

3.1　经济费用效益分析方法

3.1.1　煤炭建设项目经济费用效益分析方法执行《方法与参数》第三版的有关规定。

3.1.2　经济费用效益分析可在直接识别估算经济效益和经济费用的基础上，利用表格计算相关指标，也可在财务分析的基础上将财务现金流量转换为经济效益与费用流量，利用表格计算相关指标。

如果项目的经济效益和费用能够进行货币化，应在费用效益识别和计算的基础上，编制经济费用效益流量表，计算下列经济费用效益分析指标，分析项目投资的经济效率。

1. 经济净现值（*ENPV*）系指项目按照社会折现率将计算期内各年的经济净效益流量折现到建设期初的现值之和，应按下式计算：

$$ENPV = \sum_{t=1}^{n} (B - C)_t (1 + i_s)^{-t} \qquad (3.1.2-1)$$

式中　B——经济效益流量；

C——经济费用流量；

$(B-C)_t$——第 t 期的经济净效益流量；

i_s——社会折现率；

n——项目计算期。

在经济费用效益分析中，如果经济净现值等于或大于0，表明项目可以达到符合社会折现率的效率水平，认为该项目从经济资源配置的角度可以被接受。

2. 经济内部收益率（*EIRR*）系指项目在计算期内经济净效益流量的现值累计等于0时的折现率，即 *EIRR* 作为折现率使下式成立：

$$\sum_{t=1}^{n} (B - C)_t (1 + EIRR)^{-t} = 0 \qquad (3.1.2-2)$$

如果经济内部收益率等于或者大于社会折现率，表明项目资源配置的经济效率达到了可以被接受的水平。

3. 经济效益费用比（R_{BC}）系指项目在计算期内效益流量的现值与费用流量的现值之比，应按下式计算：

$$R_{BC} = \frac{\sum_{t=1}^{n} B_t (1 + i_s)^{-t}}{\sum_{t=1}^{n} C_t (1 + i_s)^{-t}} \qquad (3.1.2-3)$$

式中　B_t——第 t 期的经济效益；

C_t——第 t 期的经济费用。

如果经济效益费用大于1，表明项目资源配置的经济效率达到了可以被接受的水平。

3.1.3　在完成经济费用效益分析之后，应根据需要对财务分析与经济费用效益分析结论之间的差异进行分析，找出受益或受损群体，分析项目对不同利益相关者在经济上的影响程度，并提出改进资源配置效率及财务生存能力的政策及合理化建议。

3.1.4 经济费用效益分析应编制下列基本报表（见附表三）及辅助报表（见附表四）：

基本报表8　项目投资经济费用效益流量表；

辅助报表11　经济费用效益分析投资费用估算调整表；

辅助报表12　经济费用效益分析经营费用估算调整表；

辅助报表13　项目直接效益估算调整表；

辅助报表14　项目间接费用估算表；

辅助报表15　项目间接效益估算表。

3.1.5 煤炭建设项目主要对土壤、植被、生物等生态环境产生影响，其次对水环境、大气环境、声环境和景观环境产生影响。煤炭建设项目应重视环境影响经济分析，从社会整体角度对煤炭建设项目环境影响的经济费用和效益进行识别，并尽可能地对环境成本与效益进行量化，在可行的情况下赋予经济价值，并纳入整个项目经济费用效益分析的框架体系之中。

3.1.6 建设项目环境影响的经济分析是以大气、水、声、生态等环境影响评价为基础的，只有在得到各环境要素影响评价结果以后，才可能在此基础上进行环境影响的经济分析。步骤如下：

第一步，筛选煤炭建设项目产生的环境影响；

第二步，量化环境影响；

第三步，评估环境影响的货币化价值；

第四步，将货币化的环境影响价值纳入项目的经济分析。

3.2　经济费用与效益的识别和估算

3.2.1 经济费用效益分析是从资源合理配置的角度，分析煤炭建设项目投资的经济效率和对社会福利所做出的贡献，评价其经济的合理性。

3.2.2 对于财务价格扭曲，不能真实反映产出的经济价值，财务成本不能包括对资源的全部消耗，财务效益不能包含产出的全部经济效果的煤炭建设项目，需要进行经济费用效益分析。

在没有过度行政干预，市场竞争机制能够对经济资源进行有效配置，产出品市场价格能以货币形态反映边际社会效益，而投入品的市场价格能反映边际社会机会成本，利润最大化自然会导致资源的有效配置，可不进行经济费用效益分析。

3.2.3 经济费用与效益的识别与估算应考虑下列因素：

1. 遵循有无对比的原则。
2. 对项目所涉及的所有成员及群体的费用和效益做全面分析。
3. 正确识别正面和负面外部效果，防止误算、漏算或重复计算。
4. 合理确定效益和费用的空间范围和时间跨度。
5. 正确识别和调整转移支付，根据不同情况区别对待。

3.2.4 经济效益的计算应遵循支付意愿（*WTP*）原则和（或）受偿意愿（*WTA*）原则，经济费用的计算应遵循机会成本原则或实际价值原则。

3.2.5 经济效益和费用应采用真实经济价值计算，可直接识别和估算，也可通过调整财务效益和财务费用得到。

3.2.6 对特殊投入物探矿权、采矿权的影子价格宜按市场价格确定。对涉及外贸货物和服务进行经济费用效益分析的外币的经济价格，采用影子汇率。

4 费用效果分析

4.0.1 煤炭建设项目费用效果分析方法执行《方法与参数》第三版的有关规定。

4.0.2 费用效果分析是通过比较项目预期的效果与所支付的费用，判断项目的费用有效性或经济合理性。

费用系指为实现项目预定目标所付出的财务代价或经济代价，采用货币计量。

效果系指项目的结果所起到的作用、效应或效能，是项目目标的实现程度。按照项目要求实现的目标，一个项目可选用一个或几个效果指标。

4.0.3 费用效果分析适用于效果难于或不能货币化，或货币化的效果不是项目目标主体的煤炭建设项目，如以完善矿井通风系统为目标的通风改造工程，以实现保障安全生产为目标的安全技改工程，以治理矿井涌水为目标的防治水工程，以治理矿井瓦斯为目标的瓦斯治理工程等。

4.0.4 费用效果分析遵循多方案比选的原则，所分析的项目应满足下列条件：

1. 备选方案不少于两个，且为互斥方案或可转化为互斥型的方案。

2. 备选方案应具有共同的目标，目标不同的方案、不满足最低效果要求的方案不可进行比较。

3. 备选方案的费用应能货币化，且资金用量不应突破资金限制。

4. 效果应采用同一非货币计量单位衡量，如果有多个效果，其指标加权处理形成单一综合指标。

5. 备选方案应具有可比的寿命周期。

4.0.5 费用效果分析应按下列步骤进行：

1. 确立项目目标。

2. 构想和建立备选方案。

3. 将项目目标转化为具体的可量化的效果指标。

4. 识别费用与效果要素，并估算各个备选方案的费用与效果。

5. 利用相关指标，综合比较、分析各个方案的优缺点。

6. 推荐最佳方案或提出优先采用的次序。

4.0.6 费用效果分析可采用下列方法：

1. 最小费用法，也称固定效果法，在效果相同的条件下，应选取费用最小的备选方案。

2. 最大效果法，也称固定费用法，在费用相同的条件下，应选取效果最大的备选方案。

3. 增量分析法，当效果与费用均不固定，且分别具有较大幅度的差别时，应比较两个备选方案之间的费用差额和效果差额，分析获得增量效果所付出的增量费用是否值得，不可盲目选择效果费用比（$R_{E/C}$）大的方案或费用效果比（$R_{C/E}$）小的方案。

采用费用效果增量分析时应先确定基准指标（截止指标）$[E/C]_0$ 或 $[C/E]_0$。如果增加的效果能够抵补增加的费用，选择费用高的方案，否则，选择费用低的方案。

基准指标（截止指标）$[E/C]_0$ 或 $[C/E]_0$ 是项目可行的最低要求。

4.0.7 费用效果分析可采用效果费用比为基本指标，应按下式计算：

$$R_{E/C} = \frac{E}{C} \tag{4.0.7-1}$$

式中 $R_{E/C}$——效果费用比；

E——项目效果；

C——项目的计算期费用，用现值或年值表示。

有时为方便或习惯起见，也可采用费用效果比指标，按下式计算：

$$R_{C/E} = \frac{C}{E} \tag{4.0.7-2}$$

5　不确定性分析和风险分析

5.0.1　在投资决策阶段，经济评价所采用的数据大部分来自预测和估算，具有一定程度的不确定性，为分析不确定性因素变化对评价指标的影响，估计项目可能承担的风险，应进行不确定性分析与经济风险分析，提出项目风险的预警、预报和相应的对策。

5.0.2　不确定性分析主要包括盈亏平衡分析和敏感性分析。原则上，煤炭建设项目预可行性研究和可行性研究阶段都要进行不确定性分析，在可行性研究阶段，应尽可能创造条件，进行风险分析。

5.1　盈亏平衡分析

5.1.1　盈亏平衡分析是指在项目达到设计生产能力的条件下，通过盈亏平衡点（*BEP*）分析项目成本与收入的平衡关系。盈亏平衡分析只用于财务分析。

5.1.2　煤炭建设项目采用以产量和生产能力利用率来表示盈亏平衡点。盈亏平衡点既可用公式计算，也可用盈亏平衡图求取。

1. 公式计算法：

$$BEP_{\text{生产能力利用率}} = \frac{\text{年固定成本}}{\text{年销售收入} - \text{年可变成本} - \text{年销售税金及附加}} \times 100\% \tag{5.1.2-1}$$

$$BEP_{\text{产量}} = \frac{\text{年固定成本}}{\text{单位产品价格} - \text{单位产品可变成本} - \text{单位产品销售税金及附加}} \tag{5.1.2-2}$$

当采用含增值税价格时，式中分母还应扣除增值税。

2. 图解法，见图 5.1.2。

5.1.3　盈亏平衡分析分为线性盈亏平衡分析和非线性盈亏平衡分析，由于非线性盈亏平衡分析的收入函数和成本函数难以确定，项目评价中仅进行线性盈亏平衡分析。

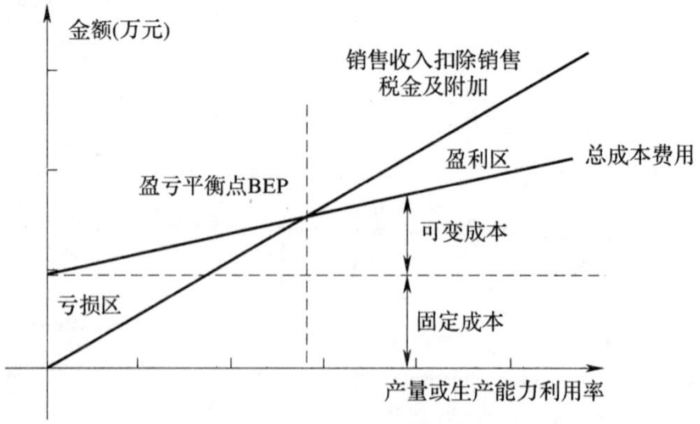

图 5.1.2　盈亏平衡分析图

5.1.4 盈亏平衡点越低，表明项目适应产出品变化的能力越大，抗风险能力越强。一般应以70%作为判定项目抗风险能力的$BEP_{生产能力利用率}$（项目计算期平均值）判据标准，项目$BEP_{生产能力利用率}$小于或等于70%时，项目的抗风险能力强；$BEP_{生产能力利用率}$大于70%时，项目的抗风险能力弱。

5.2 敏感性分析

5.2.1 敏感性分析是通过分析不确定性因素发生增减变化时，对财务分析和经济费用效益分析指标的影响，并计算敏感度系数和临界点，找出敏感因素。通常只进行单因素敏感性分析。敏感性分析既可用于财务分析，也可用于经济费用效益分析。

5.2.2 敏感性分析可按下列步骤进行：

1. 选择对项目效益影响较大且重要的不确定因素。
2. 选择不确定因素变化的百分率。
3. 针对评价指标进行敏感性分析。

5.2.3 敏感度系数和临界点：

1. 敏感度系数（S_{AF}）系指项目评价指标变化率与不确定性因素变化率的比值。按下式计算：

$$S_{AF} = \frac{\Delta A/A}{\Delta F/F} \tag{5.2.3}$$

式中 $\Delta F/F$——不确定性因素F的变化率；

$\Delta A/A$——不确定性因素F发生ΔF变化时，评价指标A的相应变化率。

2. 临界点（转换值 *Switch Value*）系指不确定性因素的变化使项目由可行变为不可行的临界数值，一般采用不确定性因素相对基本方案的变化率或其对应的具体数值表示。临界点可通过敏感性分析图得到近似值，也可采用试算法求解。

5.2.4 敏感性分析的结果，应采用敏感性分析表和（或）敏感性分析图表示。敏感度系数和临界点分析的结果，应采用敏感度系数表和临界点分析表表示。

将敏感性分析的结果进行汇总，编制敏感性分析表、敏感度系数表和临界点分析表，绘制敏感性分析图（见图5.2.4），并对分析结果进行文字说明，将不确定因素变化后计

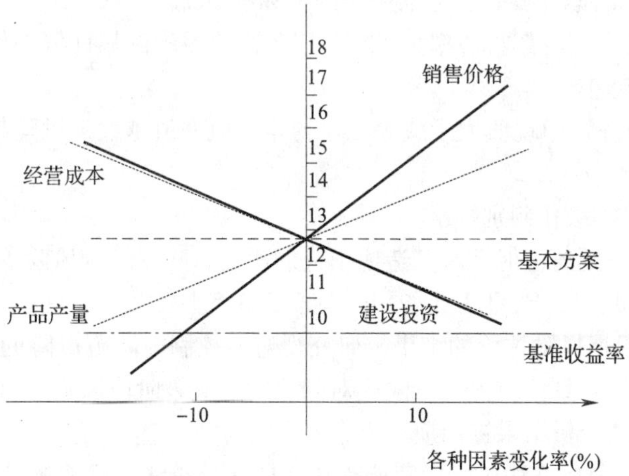

图5.2.4 敏感性分析图

算的经济评价指标与基本方案评价指标进行对比分析，结合敏感度系数及临界点的计算结果，按不确定性因素的敏感程度进行排序，找出最敏感的因素，分析敏感因素可能造成的风险，并提出应对措施。当不确定因素的敏感度很高时，应进一步通过风险分析，判断其发生的可能性及对项目的影响程度。

5.3 风险分析

5.3.1 经济风险分析应采用定性与定量相结合的方法，分析风险因素发生的可能性及给项目带来经济损失的程度，其分析过程包括风险识别、风险估计、风险评价与风险应对。

5.3.2 影响煤炭建设项目实现预期经济目标的风险因素来源于法律法规与产业政策方面、市场方面、资源方面、技术方面、地质与工程方面、投融资方面、外部环境与社会方面、配套条件等。

5.3.3 风险识别是风险分析的基础，风险识别应采用系统论的观点对项目全面考察综合分析，找出潜在的各种风险因素，并对各种风险进行比较、分类，确定各因素间的相关性与独立性，判断其发生的可能性及对项目的影响程度，按其重要性进行排队，或赋予权重。敏感性分析是初步识别风险因素的重要手段。

5.3.4 风险估计是在风险识别之后，通过定量分析的方法测度风险发生的可能性及对项目的影响程度。风险估计应采用主观概率和客观概率的统计方法，确定风险因素的概率分布，运用数理统计分析方法，计算项目评价指标相应的概率分布或累计概率、期望值、标准差。

5.3.5 风险评价是对项目经济风险进行综合分析，是依据风险对项目经济目标的影响程度进行项目风险分级排序的过程。风险评价应根据风险识别和风险估计的结果，依据项目风险判别标准，找出影响项目成败的关键风险因素。项目风险大小的评价标准应根据风险因素发生的可能性及其造成的损失来确定，一般采用评价指标的概率分布或累计概率、期望值、标准差作为判别标准，也可采用综合风险等级作为判别标准。具体操作应符合下列要求：

1. 以评价指标的累计概率、标准差作判别标准。

（1）财务（经济）内部收益率大于或等于基准收益率的累计概率值越大，风险越小；标准差越小，风险越小。

（2）财务（经济）净现值大于或等于零的累计概率值越大，风险越小；标准差越小，风险越小。

2. 以综合风险等级作判别标准。

根据风险因素发生的可能性及其造成损失的程度，建立综合风险等级的矩阵，将综合风险等级分为 K、M、T、R、I 五个等级。见表 5.3.5。

5.3.6 风险应对根据风险评价的结果，研究规避、控制与防范风险的措施，为项目全过程风险管理提供依据。具体应关注风险应对的原则、决策阶段风险应对的主要措施、结合综合风险因素等级的分析结果提出应对方案。

5.3.7 常用的风险分析方法包括专家调查法、层次分析法、概率树、CIM 模型及蒙特卡罗模拟等分析方法，应根据项目具体情况，选用一种方法或几种方法组合使用。

表 5.3.5　综合风险等级分类表

综合风险等级		风险影响的程度			
		严　重	较　大	适　度	轻　微
风险的可能性	高	K	M	R	R
	较高	M	M	R	R
	适度	T	T	R	I
	低	T	T	R	I

5.3.8　根据项目特点及评价要求，风险分析可区别下列情况进行：

1. 财务风险和经济风险分析可直接在敏感性分析的基础上，采用概率树分析和蒙特卡罗模拟分析法，确定各变量的变化区间及概率分布，计算项目内部收益率、净现值等评价指标的概率分布、期望值及标准差，并根据计算结果进行风险评估。

2. 建设项目需要进行专题风险分析时，风险分析应按本方法第 5.3.3 ~ 5.3.6 条的步骤进行。

3. 在定量分析有困难时，可对风险采用定性的分析。

6 区域经济与宏观经济影响分析

6.0.1 区域经济影响分析是从区域经济的角度出发，综合分析煤炭项目的建设对项目所在区域乃至更大范围的经济活动的各方面影响。直接影响范围限于局部区域内的煤炭建设项目宜进行区域经济影响分析。

宏观经济影响分析是从国民经济整体的角度出发，综合分析特大型煤炭项目的建设对国家宏观经济的各方面影响。直接影响国家经济全局的煤炭建设项目宜进行宏观经济影响分析。

6.0.2 煤炭建设项目具备下列部分或全部特征的特大型项目应进行区域或宏观经济影响分析：

1. 项目投资巨大、工期超长（跨五年计划或十年规划）。

2. 项目实施前后对所在区域或国家的经济结构、社会结构以及群体利益格局等有较大改变。

3. 项目对生态与环境影响大，范围广。

4. 项目对区域或国家长期财政收支影响较大。

5. 项目的投入或产出对进出口影响大。

6. 其他对区域经济或宏观经济有重大影响的项目。

6.0.3 区域经济与宏观经济影响分析应遵循系统性、综合性的原则，一般只做定性分析。

6.0.4 区域经济与宏观经济影响分析应立足于煤炭建设项目的实施能够促进和保障经济有序高效运行和可持续发展，重点分析煤炭建设项目与区域发展战略和国家长远规划的关系。

分析内容应包括下列直接贡献和间接贡献、有利影响（正效益）和不利影响（负效益）：

1. 煤炭建设项目对区域经济或宏观经济的直接贡献通常表现在：促进经济增长，优化经济结构，提高居民收入，增加就业，减少贫困，增加地方或国家财政收入等方面。

2. 煤炭建设项目对区域经济或宏观经济影响的间接贡献表现在：促进人口合理分布和流动，促进城镇化，带动相关产业，克服经济瓶颈，促进经济社会均衡发展，提高居民生活质量，合理开发、有效利用煤炭资源，促进技术进步，提高产业国际竞争力等方面。

3. 煤炭建设项目可能产生的不利影响包括：非有效占用土地资源、减少耕地、污染环境、损害生态平衡；出现煤炭能源供求关系与生产格局的失衡；产生新的相对贫困阶层及隐性失业；对区域内房屋建筑、群众安全可能带来的不利影响等。

煤炭建设项目由于地理位置、资源赋存、地质条件和煤质特点等的不同，其区域经济或宏观经济影响分析应更多采用个案分析，从实际出发，具体问题具体分析。对关键问题、突出问题要强调专项分析。

6.0.5 区域经济或宏观经济影响的分析步骤如下：

1. 影响范围的确定。

2. 影响因素的选择。

3. 依据分析原则，针对不同影响因素，选用适宜的分析方法，分层次、有重点地进行客观、翔实的区域经济或宏观经济影响分析。

4. 对造成的不利影响提出缓解措施及建议。

6.0.6 区域经济与宏观经济影响分析的指标体系宜由下列总量指标、结构指标、社会与环境指标和国力适应性指标构成：

1. 经济总量指标反映项目对国民经济总量的贡献，包括增加值、净产值、纯收入、财政收入等经济指标。总量指标可使用当年值、净现值总额和折现年值。

2. 经济结构指标反映项目对经济结构的影响，主要包括三次产业结构、就业结构、影响力系数等指标。

3. 社会与环境指标主要包括就业效果指标、收益分配效果指标、资源合理利用指标和环境影响效果指标等。

4. 国力适应性指标表示国家的人力、物力和财力承担重大项目的能力，一般用项目使用的资源占全部资源总量的百分比或财政资金投入占财政收入或支出的百分比表示。

以上各项指标应与国家统计部门的统计口径一致。

6.0.7 区域经济与宏观经济的影响分析，可将煤炭建设项目的总产出、总投入、资源、劳动力、进出口总额等作为区域或宏观经济的增量，通过建立各种既有科学依据，又反映煤炭项目特点的经济数学模型，分别计算“有项目”与“无项目”时的经济总量指标、经济结构指标、社会与环境指标及国力适应性指标，并根据有无对比原则进行分析。

常用的经济数学模型包括经济计量模型、经济递推优化模型、全国或地区投入产出模型、系统动力学模型和动态系统计量模型等。

煤炭建设项目的区域经济与宏观经济影响分析通常宜做专题研究。

7　方案经济比选

7.0.1　方案经济比选是寻求合理的经济和技术方案的必要手段，也是煤炭建设项目经济评价的重要内容。项目经济评价中宜对互斥方案和可转化为互斥型关系的方案进行比选。备选方案应满足下列条件：

1. 备选方案的整体功能应达到目标要求。

2. 备选方案的经济效率应达到可以被接受的水平。

3. 备选方案包含的范围和时间应一致，效益和费用计算口径应一致。

7.0.2　方案经济比选可采用下列效益比选法、费用比选法和最低价格法：

1. 效益比选法包括净现值比较法、净年值比较法、差额投资内部收益率比较法等。

（1）净现值比较法：比较备选方案的财务净现值或经济净现值，以净现值大的方案为优。比较净现值时应采用相同的折现率。

（2）净年值比较法：比较备选方案的净年值，以净年值大的方案为优。比较净年值时应采用相同的折现率。

（3）差额投资财务内部收益率比较法：使用备选方案差额现金流，应按下式计算：

$$\sum_{t=1}^{n}\left[(CI-CO)_{大}-(CI-CO)_{小}\right](1+\Delta FIRR)^{-t}=0 \qquad (7.0.2)$$

式中　$(CI-CO)_{大}$——投资大的方案的财务净现金流量；

$(CI-CO)_{小}$——投资小的方案的财务净现金流量；

$\Delta FIRR$——差额投资财务内部收益率。

计算差额投资财务内部收益率（$\Delta FIRR$），与设定的基准收益率（i_c）进行对比，当差额投资财务内部收益率大于或等于设定的基准收益率时，以投资大的方案为优，反之，投资小的方案为优。在进行多方案比较时，应先按投资大小，由小到大排序，再依次就相邻方案两两比较，从中选出最优方案。

（4）差额投资经济内部收益率（$\Delta EIRR$）比较法，可采用经济净现金流量替代式（7.0.2）中的财务净现金流量，进行方案比选。

2. 费用比选方法包括费用现值比较法、费用年值比较法。

（1）费用现值比较法：计算备选方案的总费用现值并进行对比，以费用现值较低的方案为优。

（2）费用年值比较法：计算备选方案的费用年值并进行对比，以费用年值较低的方案为优。

3. 最低价格（服务收费标准）比较法，在相同产品方案比选中，以净现值为零推算备选方案的产品最低价格（P_{min}），应以最低产品价格较低的方案为优。

7.0.3　在多方案比较中，应分析不确定性因素和风险因素对方案比选的影响，判断其对比较结果的影响程度，必要时，应进行不确定性分析或风险分析，以保证比选结果的有效性。在比选时应遵循效益与风险权衡的原则。不确定性因素下的方案比选可采用下列方法：

1. 折现率调整法，调高折现率使备选方案净现值变为零，折现率变动幅度小的方案风险大，折现率变动幅度大的方案风险小。

2. 标准差法，对备选方案进行概率分析，计算出评价指标的期望值和标准差，在期望值满足要求的前提下，比较其标准差，标准差较高者，风险相对较大。

3. 累计概率法，计算备选方案净现值大于或等于零的累计概率，估计方案承受风险的程度，方案的净现值大于或等于零的累计概率值越接近于1，说明方案的风险越小；反之，方案的风险大。

7.0.4 方案比选时应注意下列问题：

1. 备选方案提供的信息资料应可靠、均衡。

2. 同时进行财务分析和经济费用效益分析时，方案经济比选主要应按经济费用效益分析的结论选择方案。

3. 备选方案的经济指标的取值比较差异不大时，不能依此判断方案的优劣，只有经济指标的取值存在足够的差异，且估算和测算的误差不足以使评价结论出现逆转时，才能认定比较方案有显著的差异，并据此判定方案的优劣。

4. 备选方案的计算期不同时，宜采用净年值法和费用年值法。如果采用差额投资内部收益率法，可将各方案计算期的最小公倍数作为比较方案的计算期，或者以各方案中最短的计算期作为比较方案的计算期。在某些情况下还可采用研究期法。

5. 方案比选中经济评价指标的应用范围见表7.0.4。

表7.0.4 方案比选中经济评价指标的应用范围表

指标 用途	净现值	内部收益率
方案比选（互斥方案选优）	无资金限制时，可选择 NPV 较大者	一般不直接用，可计算差额投资内部收益率（ΔIRR），当 $\Delta IRR \geqslant i_c$（i_s）时，以投资较大方案为优
项目排队（独立项目按优劣排序的最优组合）	不单独使用	一般不采用（可用于排除项目）

8　改扩建与并购项目经济评价的特点

8.1　改扩建项目经济评价的特点

8.1.1　煤炭改扩建项目系指既有煤炭企业（包括矿井、露天矿、选煤厂）利用原有资产与资源，投资形成新的生产设施，扩大或完善原有生产系统的活动，包括改建、扩建、迁建、技术改造、恢复建设、恢复生产、生产与安全系统配套等。改扩建的目的在于合理利用资源，增加产品供给，调整产品结构，提高技术装备水平，降低资源消耗，节省运行费用，提高产品质量，改善劳动条件，治理生产环境，提供安全保障等。

改扩建项目具有下列特点：

1. 项目是既有企业的有机组成部分，同时项目的活动与企业的活动在一定程度上又有区别。

2. 项目的融资主体是既有企业，项目的还款主体是既有企业。

3. 项目一般要利用既有企业的部分或全部资产与资源，且不发生资产与资源的产权转移。

4. 建设期内既有企业生产与项目建设一般同时进行。

8.1.2　改扩建项目经济评价应正确识别与估算"无项目"、"有项目"、"现状"、"新增"、"增量"等五种状态下的资产、资源、效益与费用。"无项目"与"有项目"的口径与范围应当保持一致。避免费用与效益误算、漏算或重复计算。对于难以计量的费用和效益，可做定性描述。

8.1.3　改扩建项目应明确界定项目效益和费用范围。

在财务分析中，效益和费用的范围指项目活动的直接影响范围。局部改扩建项目范围只包括既有企业的一部分，整体改扩建项目范围包含整个既有企业。

在经济费用效益分析中，效益和费用范围指项目活动的直接和间接影响的范围。

在保证不影响分析结果的情况下，可缩小项目的范围。

8.1.4　改扩建项目财务分析采用一般建设项目财务分析的基本原理和分析指标。由于项目与既有企业既有联系又有区别，一般可进行项目层次和企业层次两个层次的分析。

1. 项目层次。盈利能力分析，遵循"有无对比"的原则，利用"有项目"与"无项目"的效益与费用计算增量效益与费用，用于分析增量盈利能力，并作为项目决策的主要依据之一。项目的投入和产出与既有企业的生产经营活动相对独立、其效益和费用能与既有企业能分开计算时，可直接采用增量效益和增量费用计算增量指标。

偿债能力分析，当项目范围与企业范围一致时（整体改扩建），只需分析"有项目"的偿债能力；当项目范围与企业范围不一致时（局部改扩建），可能会出现项目和企业两个层次上的偿债能力分析，即若"有项目"还款资金不足时，还应分析"有项目"还款资金的缺口，需要既有企业为项目额外提供的还款资金数额；在直接用增量数据进行简化计算时，仅有项目一个层次，同时应结合企业现行财务状况进行分析。

财务生存能力分析，分析"有项目"的财务生存能力。符合简化条件时，项目层次分析可直接用“增量”数据和相关指标进行分析。

2. 企业层次。分析既有企业以往的财务状况与今后可能的财务状况，了解企业生产与经营情况、资产负债结构、发展战略、资源利用优化的必要性、企业的信用等。特别关注企业为项目的融资能力、企业自身的资金成本或同项目有关的资金机会成本。有条件时要分析既有企业包括项目债务在内的还款能力。

8.1.5 改扩建项目应分析项目对既有企业的贡献。通过计算项目实施后既有企业的销售收入、利润总额等指标的“新增”数据及相关增长率，估算项目投资活动对既有企业财务状况改善的贡献。

8.1.6 改扩建项目的经济费用效益分析应采用一般建设项目的经济费用效益分析原理，其分析指标为增量经济净现值和经济内部收益率。关键是应正确识别“有项目”与“无项目”的经济效益和经济费用。

8.1.7 进行改扩建项目的既有企业条件各异，应根据项目目的、项目层次与企业层次财务分析的结果、经济费用效益分析的结果，结合不确定性分析和风险分析的结果，以及项目对企业的贡献等，统筹兼顾，进行多指标投融资决策。

8.1.8 当项目改扩建的目的仅在于合理利用资源、改善劳动条件、治理生产环境或提供安全保障，且改扩建所产生的效益在项目活动中很难量化时，可只做定性分析，或做费用效果分析。

8.1.9 符合下列特定条件之一的改扩建项目，可按一般建设项目经济评价的方法简化处理：

1. 项目的投入和产出与既有企业的生产经营活动相对独立。
2. 以增加产出为目的的项目，增量产出占既有企业产出比例较小。
3. 利用既有企业的资产与资源量与新增量相比较小。
4. 效益和费用的增量流量较容易确定。
5. 其他特定情况。

8.1.10 改扩建项目经济评价所用的表格可参照财务分析表格和经济费用效益分析表格，所用指标也与一般建设项目相同。一般情况下，财务（经济）效益与费用宜分别单列“有项目”与“无项目”的流入与流出表格。

8.1.11 改扩建项目经济评价财务分析报表可设置“0”年，称为“建设起点”，企业原有资产与负债计入建设起点。

8.2 并购项目经济评价的特点

8.2.1 并购项目系指既有企业通过投资兼并或收购目标企业，获得目标企业的部分或全部产权的项目。并购的目的在于扩大既有企业规模，提高既有企业效率，减少竞争对手，取得管理、经营、财务协同效益，增强既有企业的竞争能力，同时维持或改进目标企业原有的生产系统。

8.2.2 并购项目经济评价主要包括下列内容：

1. 分析目标企业所处行业地位、竞争对手、行业发展趋势、市场格局与前景。
2. 分析目标企业经营管理现状、资产与债务结构、盈利能力、管理水平，并预测发展前景。

3. 分析既有企业管理能力与水平、财务状况、品牌商誉、市场份额、融资能力、企业现状等。

4. 测算并购成本。

5. 测算改组改造所需投资。

6. 预测并购收益和经营费用。

7. 构造并购后的现金流量表，依据内部收益率等指标判断并购的可行性。

8. 按照预期收益水平测算最高可接受的并购成本。

9. 分析并购风险。

8.2.3 并购项目一般只做财务分析，分析财务效益、资产经营效益和发展速度等。通过资本运作扩大生产规模、增加新的生产能力、占用新的土地和资源、增加新的污染的并购项目，除进行财务分析外，还可进行经济费用效益分析或费用效果分析。

8.2.4 并购成本包括产权交易价格、并购后对目标企业的投资（包括对目标企业改组、改造、人员安置与遣散费用等）、咨询费、律师费、佣金等。

8.2.5 产权交易价格以目标企业价值评估为基础，企业价值可分为基础价值、内在价值和市场价值三个层次。产权交易价格估算可采用下列方法：

1. 收益现值法。从目标企业未来收益的角度，在企业“持续经营”的假定前提下，将目标企业未来预测的现金流量折现，计算目标企业的收益净现值，作为目标企业的内在价值。收益现值法中所采用的折现率应为目标企业的加权平均资金成本。

2. 账面价值调整法。从资产成本的角度，用重置成本法和资产变现法调整账面价值，用调整后的目标企业资产净值估算企业基础价值。

账面价值调整法通常只应用在企业破产清算或资产出售时的价值评估，在组织资本创造价值较大时失效，不适用于企业整体出售、高科技企业和服务类企业。

3. 市场比较法。比较目标企业与类似的可比上市公司或已完成交易的非上市公司的财务比率，将财务比率的比值乘以目标企业的当期收益或净资产，计算出目标企业的市场价值。

8.2.6 并购效益包括企业自身的效益以及并购带来的企业整体协同效益。

并购给企业自身带来的效益包括资本经营效益、市场增加值和经济增加值；并购带来的企业整体协同效益包括财务协同效应和经营协同效应。有条件时可用有无对比法估算协同效应。

8.2.7 为给投资决策提供支持性数据，并购项目经济评价应按照预先设定的投资收益率、投资回收期等指标，测算最高可接受的并购成本。

8.2.8 并购风险分析包括融资风险分析、经营风险分析、政策风险分析和市场风险分析等，重点应分析资本结构的合理性，并充分考虑并购项目的不可预见成本。

8.2.9 并购项目经济评价应结合不同的并购方式、不同企业之间并购的特点来进行，重点分析并购成本和并购效益。在并购成本已经基本确定的情况下，则应以并购效益分析为重点，同时对并购成本的上限提出评价意见。评价报表应参照一般项目的表格内容并结合项目特点和分析内容定制。

附表

附表一　财务分析基本报表

基本报表 1　项目投资现金流量表

人民币单位：万元

序号	项　目	合计	计算期（年）			
			1	2	……	*n*
1	现金流入					
1.1	销售收入					
1.2	设备增值税抵扣					
1.3	回收资产余值					
1.3.1	回收固定资产余值					
1.3.2	回收无形及其他资产余值					
1.4	回收流动资金					
2	现金流出					
2.1	建设投资					
2.2	流动资金					
2.3	经营成本					
2.4	销售税金及附加					
2.5	维持运营投资					
2.5.1	支付矿业权价款或转让费					
2.5.2	安全生产投入					
2.5.3	固定资产更新投资					
2.5.4	维简费投入					
2.5.5	开拓延深费					
2.5.6	追加投资					
3	所得税前净现金流量（1－2）					
4	累计所得税前净现金流量					
5	调整所得税					
6	所得税后净现金流量（3－5）					
7	累计所得税后净现金流量					

计算指标：
项目投资财务内部收益率（%）（所得税前）
项目投资财务内部收益率（%）（所得税后）
项目投资财务净现值（所得税前）（i_c =%）
项目投资财务净现值（所得税后）（i_c =%）
项目投资回收期（年）（所得税前）
项目投资回收期（年）（所得税后）

注：1. 本表适用于新设法人项目与既有法人项目的增量和“有项目”的现金流量分析。
2. 调整所得税为以息税前利润为基数计算的所得税，区别于“利润与利润分配表”、“项目资本金现金流量表”、“财务计划现金流量表”中的所得税。
3. 可根据实际情况对表中科目设置进行增减。
4. “支付矿业权价款或转让费”科目可根据项目具体情况修改为“支付矿业权价款”或“支付矿业权转让费”。

基本报表2　项目资本金现金流量表

人民币单位：万元

序号	项　　目	合计	计 算 期（年）			
			1	2	……	*n*
1	现金流入					
1.1	销售收入					
1.2	设备增值税抵扣					
1.3	回收资产余值					
1.3.1	回收固定资产余值					
1.3.2	回收无形及其他资产余值					
1.4	回收流动资金					
2	现金流出					
2.1	项目资本金					
2.2	借款本金偿还					
2.3	借款利息支付					
2.4	经营成本					
2.5	销售税金及附加					
2.6	所得税					
2.7	维持运营投资					
2.7.1	支付矿业权价款或转让费					
2.7.2	安全生产投入					
2.7.3	固定资产更新投资					
2.7.4	维简费投入					
2.7.5	开拓延深费					
2.7.6	追加投资					
3	净现金流量（1－2）					
计算指标： 项目资本金财务内部收益率（%）						

注：1. 项目资本金包括用于建设投资、建设期利息和流动资金的资金。

2. 对于外商投资项目，现金流出中可增加职工奖励及福利基金科目。

3. 本表适用于新设法人项目与既有法人项目“有项目”的现金流量分析。

4. 可根据实际情况对表中科目设置进行增减。

5. “支付矿业权价款或转让费”科目可根据项目具体情况修改为“支付矿业权价款”或“支付矿业权转让费”。

基本报表3　投资各方现金流量表

人民币单位：万元

序号	项　　目	合计	计算期（年）			
			1	2	……	n
1	现金流入					
1.1	实分利润					
1.2	资产处置收益分配					
1.3	租赁费收入					
1.4	其他现金流入					
2	现金流出					
2.1	实缴资本					
2.1.1	用于建设投资					
2.1.2	用于流动资金					
2.2	租赁资产支出					
2.3	其他现金流出					
3	净现金流量（1－2）					
计算指标： 投资各方财务内部收益率（%）						

注：1. 本表可按不同投资方分别编制。

2. 投资各方现金流量表既适用于内资企业也适用于外商投资企业；既适用于合资企业也适用于合作企业。

3. 投资各方现金流量表中现金流入是指出资方因该项目的实施将实际获得的各种收入；现金流出是指出资方因该项目的实施将实际投入的各种支出。

1）实分利润是指投资者由项目获得的利润。

2）资产处置收益分配是指对有明确的合营期限或合资期限的项目，在期满时对资产余值按股比或约定比例的分配。

3）租赁费收入是指出资方将自己的资产租赁给项目使用所获得的收入，此时应将资产价值作为现金流出，列为租赁资产科目。

4. 可根据实际情况对表中科目设置进行调整。

基本报表4　利润与利润分配表

人民币单位：万元

序号	项　目	合计	计 算 期（年）			
			1	2	……	*n*
1	销售收入					
2	销售税金及附加					
3	总成本费用					
4	利润总额（1－2－3）					
5	弥补以前年度亏损					
6	应纳税所得额（4－5）					
7	所得税					
8	净利润（4－7）					
9	期初未分配利润					
10	可供分配的利润（8＋9）					
11	提取法定盈余公积金					
12	可供投资者分配的利润（10－11）					
13	应付优先股股利					
14	提取任意盈余公积金					
15	应付普通股股利（12－13－14）					
16	各投资方利润分配 其中：××方 ××方					
17	未分配利润（12－13－14－16）					
18	息税前利润 （利润总额＋利息支出）					
19	息税折旧（含井巷工程费、剩余维简费）摊销前利润 （息税前利润＋折旧＋井巷工程费＋剩余维简费＋摊销）					

注：1. 对于外商投资项目由10项减去储备基金、职工奖励与福利基金和企业发展基金（外商独资项目可不列企业发展基金）后，得出可供投资者分配利润。

2. 第13～15项根据企业性质和具体情况选择填列。

3. 法定盈余公积金按净利润计提。

基本报表5　财务计划现金流量表

人民币单位：万元

序号	项　　目	合计	计算期（年）			
			1	2	……	n
1	经营活动净现金流量（1.1－1.2）					
1.1	现金流入					
1.1.1	销售收入					
1.1.2	增值税销项税额					
1.1.3	其他流入					
1.2	现金流出					
1.2.1	经营成本					
1.2.2	增值税进项税额					
1.2.3	销售税金及附加					
1.2.4	增值税					
1.2.5	所得税					
1.2.6	其他流出					
2	投资活动净现金流量（2.1－2.2）					
2.1	现金流入					
2.2	现金流出					
2.2.1	建设投资					
2.2.2	流动资金					
2.2.3	维持运营投资					
2.2.4	其他流出					
3	筹资活动净现金流量（3.1－3.2）					
3.1	现金流入					
3.1.1	项目资本金投入					
3.1.2	建设投资借款					
3.1.3	流动资金借款					
3.1.4	短期借款					
3.1.5	其他流入					
3.2	现金流出					
3.2.1	各种利息支出					
3.2.2	偿还债务本金					
3.2.3	应付利润					
3.2.4	其他流出					
4	净现金流量（1＋2＋3）					
5	累计盈余资金					

注：1. 对于新设法人项目，本表投资活动的现金流入为零。
2. 对于既有法人项目，可适当增加科目。
3. 必要时，现金流出中可增加应付优先股股利科目。
4. 对于外商投资项目可将职工奖励与福利基金作为经营活动现金流出。

基本报表6 资产负债表

人民币单位：万元

序号	项　　目	合计	计算期（年）			
			1	2	……	n
1	资产					
1.1	流动资产总额					
1.1.1	货币资金					
1.1.2	应收账款					
1.1.3	预付账款					
1.1.4	存货					
1.1.5	其他					
1.2	设备增值税抵扣					
1.3	在建工程					
1.4	固定资产净值					
1.5	无形及其他资产净值					
2	负债及所有者权益（2.4+2.5）					
2.1	流动负债总额					
2.1.1	短期借款					
2.1.2	应付账款					
2.1.3	预收账款					
2.1.4	其他					
2.2	建设投资借款					
2.3	流动资金借款					
2.4	负债小计（2.1+2.2+2.3）					
2.5	所有者权益					
2.5.1	权益资本					
2.5.2	资本公积					
2.5.3	累计盈余公积金					
2.5.4	累计未分配利润					
计算指标： 资产负债率（%）						

注：1. 对于外商投资项目，第2.5.3项改为累计储备基金和企业发展基金。

2. 对于既有法人项目，一般只针对法人编制，可按需要增加科目，此时表中资本金是指企业全部实收资本，包括原有和新增的实收资本。必要时，也可针对“有项目”范围编制，此时表中资本金仅指“有项目”范围的对应数据。

3. 货币资金包括现金和累计盈余资金。

基本报表7　借款还本付息计划表

人民币单位：万元

序号	项　　目	合计	计算期（年）			
			1	2	……	n
1	借款1					
1.1	期初借款余额					
1.2	当期还本付息 其中：还本 付息					
1.3	期末借款余额					
2	借款2					
2.1	期初借款余额					
2.2	当期还本付息 其中：还本 付息					
2.3	期末借款余额					
3	债券					
3.1	期初债务余额					
3.2	当期还本付息 其中：还本 付息					
3.3	期末债务余额					
4	借款和债券合计					
4.1	期初余额					
4.2	当期还本付息 其中：还本 付息					
4.3	期末余额					
计算指标	利息备付率					
	偿债备付率					

注：1. 本表与“建设期利息估算表”可二表合一。

2. 本表直接适用于新设法人项目，如有多种借款或债券，必要时应分别列出。

3. 对于既有法人项目，在按有项目范围进行计算时，可根据需要增加项目范围内原有借款的还本付息计算；在计算企业层次的还本付息时，可根据需要增加项目范围外借款的还本付息计算；当简化直接进行项目层次新增借款还本付息时，可直接按新增数据计算。

4. 本表可另加流动资金借款的还本付息计算。

附表二　财务分析辅助报表

辅助报表1　建设投资估算表

人民币单位：万元

序号	生产环节或费用名称	估算价值						吨煤投资（元）	占建设投资比例（%）
		矿建工程	土建工程	设备及工器具购置	安装工程	其他费用	合计		
1	工程费用								
1.1	×××								
	……								
2	工程建设其他费用								
2.1	×××								
	……								
3	预备费								
3.1	工程预备费								
3.2	工程造价调整预备费								
	建设投资合计								
	吨煤投资（元）								
	占建设投资比例（%）								

注：1. 本表适用于新设法人项目与既有法人项目的新增建设投资的估算。

2. “生产环节或费用名称”可视矿井、露天矿或选煤厂等具体情况调整。

辅助报表2　资产原值估算表

人民币单位：万元

序号	资产类别	合计	建设期（年）			
			1	2	……	n
1	固定资产					
1.1	矿建工程					
1.2	地面建、构筑物					
1.3	机器设备					
1.3.1	×××设备					
1.3.2	×××设备					
	……					
1.3.3	其他设备					
2	无形资产					
2.1	×××					
	……					
3	其他资产					
3.1	×××					
	……					
4	合计					

注：1. 本表适用于新设法人项目与既有法人项目的新增资产原值的估算。

2. “资产类别”可视具体情况调整。

辅助报表3　建设期利息估算表

人民币单位：万元

序号	项　　目	合计	建设期（年）			
			1	2	……	n
1	借款					
1.1	建设期利息					
1.1.1	期初借款余额					
1.1.2	当期借款					
1.1.3	当期应计利息					
1.1.4	期末借款余额					
1.2	其他融资费用					
1.3	小计（1.1+1.2）					
2	债券					
2.1	建设期利息					
2.1.1	期初债务余额					
2.1.2	当期债务金额					
2.1.3	当期应计利息					
2.1.4	期末债务余额					
2.2	其他融资费用					
2.3	小计（2.1+2.2）					
3	合计（1.3+2.3）					
3.1	建设期利息合计（1.1+2.1）					
3.2	其他融资费用合计（1.2+2.2）					

注：1. 本表适用于新设法人项目与既有法人项目的新增建设期利息的估算。

2. 原则上应分别估算外汇和人民币债务。

3. 如有多种借款或债券，必要时应分别列出。

4. 本表与“借款还本付息计划表”可二表合一。

辅助报表4 流动资金估算表

人民币单位：万元

序号	项　目	最低周转天数	周转次数	投产期		达产期
	原煤产量或处理原煤量（Mt）					
1	流动资产					
1.1	应收账款					
1.2	存货					
1.2.1	原材料					
	×××					
	……					
1.2.2	燃料					
	×××					
	……					
1.2.3	产成品					
1.3	现金					
1.4	预付账款					
2	流动负债					
2.1	应付账款					
2.2	预收账款					
3	流动资金（1－2）					
4	流动资金当期增加额					
4.1	流动资金借款当期增加额					
4.2	自有流动资金当期增加额					
5	流动资金借款利息					
6	吨煤流动资金占用量（元）					

注：1. 本表适用于新设法人项目与既有法人项目的“有项目”、“无项目”和增量流动资金的估算。

2. 如发生外币流动资金，应另行估算后予以说明，其数额应包含在本表数额内。

3. 不发生预付账款和预收账款的项目可不列此两项。

辅助报表5　投资使用计划与资金筹措表

人民币单位：万元，外币单位：

序号	项　　目	合计			第一年			第二年			……			n		
		人民币	外币	小计	人民币	外币	小计	人民币	外币	小计	人民币	外币	小计	人民币	外币	小计
1	总投资															
1.1	建设投资															
1.2	建设期利息															
1.3	流动资金															
2	资金筹措															
2.1	项目资本金															
2.1.1	用于建设投资															
	××方															
	……															
2.1.2	用于流动资金															
	××方															
	……															
2.1.3	用于建设期利息															
	××方															
	……															
2.2	债务资金															
2.2.1	用于建设投资															
	××借款															
	××债券															
	……															
2.2.2	用于流动资金															
	××借款															
	××债券															
	……															
2.2.3	用于建设期利息															
	××借款															
	××债券															
	……															
2.3	其他资金															
	×××															
	……															

注：1. 本表按新增投资范畴编制。

2. 本表建设期利息一般包括其他融资费用。

3. 对既有法人项目，项目资本金中可包括新增资金和既有法人货币资金与资产变现或资产经营权变现的资金，可分别列出或加以文字说明。

辅助报表6　销售收入、销售税金及附加和增值税估算表

人民币单位：万元

序号	项　　目	合计	计算期（年）			
			1	2	……	*n*
	原煤产量或处理原煤量（Mt）					
1	销售收入					
1.1	产品A销售收入					
	单价					
	数量					
	销项税额					
1.2	产品B销售收入					
	单价					
	数量					
	销项税额					
	……					
2	销售税金及附加					
2.1	城市维护建设税					
2.2	教育费附加					
2.3	资源税					
3	增值税					
3.1	销项税额					
3.2	进项税额					
3.2.1	产品生产流通过程进项税					
3.2.2	设备进项税					
3.2.3	设备进项税当期抵扣额					
3.2.4	结转未抵扣设备进项税额					

注：1. 本表适用于新设法人项目与既有法人项目的“有项目”、“无项目”和增量的销售收入、销售税金与附加和增值税的估算。

2. 根据产品不同可增减相应税收科目。

辅助报表7　总成本费用估算表

人民币单位：万元

序号	项　　目	合计	计算期（年）			
			1	2	……	n
	原煤产量或处理原煤量（Mt）					
1	经营成本					
1.1	材料费					
1.2	燃料及动力费					
1.3	职工薪酬					
1.4	修理费					
1.5	地面塌陷赔偿费					
1.6	其他支出					
2	折旧费					
3	维简费					
4	井巷工程费					
5	安全费用					
6	摊销费					
7	利息支出					
7.1	长期借款利息					
7.2	流动资金借款利息					
7.3	其他短期借款利息					
8	总成本费用					
8.1	其中：固定成本					
8.2	可变成本					
9	单位经营成本					
10	单位成本费用					

注：1. 本表适用于新设法人项目与既有法人项目的“有项目”、“无项目”和增量成本费用的估算。
　　2. 成本科目可根据项目具体情况做调整。

辅助报表8　固定资产折旧费及井巷工程费估算表

人民币单位：万元

序号	项　　目	折旧年限（年）	合计	计算期（年）			
				1	2	……	*n*
	原煤产量或处理原煤量（Mt）						
1	矿建工程						
1.1	原值						
1.2	当期井巷工程费						
1.3	净值						
2	地面建、构筑物						
2.1	原值						
2.2	当期折旧额						
2.3	净值						
3	机器设备						
3.1	××设备						
3.1.1	原值						
3.1.2	当期折旧额						
3.1.3	更新投资						
3.1.4	净值						
3.2	××设备						
3.2.1	原值						
3.2.2	当期折旧额						
3.2.3	更新投资						
3.2.4	净值						
	……						
3.3	其他设备						
3.3.1	原值						
3.3.2	当期折旧额						
3.3.3	更新投资						
3.3.4	净值						
4	合计						
4.1	原值						
4.2	当期井巷工程费						
4.3	当期折旧额						
4.4	更新投资						
4.5	净值						

注：1. 本表适用于新设法人项目固定资产折旧费及井巷工程费的估算，以及既有法人项目“有项目”、“无项目”和增量固定资产折旧费及井巷工程费的估算。

2. 当估算既有法人项目的“有项目”固定资产折旧费时，应将新增和利用原有部分固定资产分别列出，并分别计算。

3. 用于独立选煤厂时，本表名称改为“固定资产折旧费估算表”，并相应调整科目设置。

辅助报表9　无形资产和其他资产摊销费估算表

人民币单位：万元

序号	项　目	摊销年限（年）	合计	计算期（年）			
				1	2	……	*n*
	原煤产量或处理原煤量（Mt）						
1	无形资产						
1.1	矿业权价款或转让费						
1.1.1	原值						
1.1.2	当期摊销费						
1.1.3	净值						
1.2	其他无形资产						
1.2.1	原值						
1.2.2	当期摊销费						
1.2.3	净值						
2	其他资产						
2.1	原值						
2.2	当期摊销费						
2.3	净值						
3	合计						
3.1	原值						
3.2	当期摊销费						
3.3	净值						

注：1. 本表适用于新设法人项目无形资产和其他资产摊销费的估算，以及既有法人项目“有项目”、“无项目”和增量摊销费的估算。当估算既有法人项目的“有项目”摊销费时，应将新增和利用原有部分的资产分别列出，并分别计算摊销费。

辅助报表10　职工薪酬估算表

序号	项　目	单位	合计	计算期（年）			
				1	2	……	*n*
	原煤产量或处理原煤量	Mt					
1	××类人员						
1.1	人数	人					
1.2	职工薪酬标准	元/人·年					
1.3	职工薪酬	万元					
2	××类人员						
2.1	人数	人					
2.2	职工薪酬标准	元/人·年					
2.3	职工薪酬	万元					
	……						
	职工薪酬合计						

注：1. 本表适用于新设法人项目职工薪酬的估算，以及既有法人项目的“有项目”、“无项目”和增量职工薪酬的估算。

2. 人员类别可根据项目具体情况调整。

附表三　经济费用效益分析基本报表

基本报表8　项目投资经济费用效益流量表

人民币单位：万元

序号	项　　目	合计	计算期（年）			
			1	2	……	n
1	效益流量					
1.1	项目直接效益					
1.2	资产余值回收					
1.2.1	回收固定资产余值					
1.2.2	回收无形资产余值					
1.2.3	回收流动资产					
1.3	项目间接效益					
2	费用流量					
2.1	建设投资					
2.2	流动资金					
2.3	经营费用					
2.4	维持运营投资					
2.4.1	支付矿业权价款或转让费					
2.4.2	安全生产投入					
2.4.3	固定资产更新投资					
2.4.4	维简费投入					
2.4.5	开拓延深费					
2.4.6	追加投资					
2.4.7	其他					
2.5	项目间接费用					
3	净效益流量（1－2）					
4	效益流量现值					
5	费用流量现值					
计算指标： 经济内部收益率（%） 经济净现值（i_s =　%） 经济费用效益比（R_{BC}）						

注：可根据实际情况对表中科目设置进行增减。

附表四　经济费用效益分析辅助报表

辅助报表 11　经济费用效益分析投资费用估算调整表

人民币单位：万元

序号	项　　目	财务分析					经济费用效益分析					经济费用效益分析比财务分析增减
		合计	计算期（年）				合计	计算期（年）				
			1	2	……	n		1	2	……	n	
1	建设投资											
1.1	矿建工程费											
1.2	土建工程费											
1.3	设备购置费											
1.4	安装工程费											
1.5	工程建设其他费用											
1.5.1	其中：土地费用											
1.6	矿业权价款或转让费											
1.7	工程预备费											
1.8	工程造价调整预备费											
2	建设期利息											
3	流动资金											
	合计（1+2+3）											

注：若投资费用是通过直接估算得到的，本表应略去财务分析的相关栏目。

辅助报表 12　经济费用效益分析经营费用估算调整表

人民币单位：万元

序号	项　目	生产期（年）											
		……				$n-1$				n			
		财务分析		经济费用效益分析		财务分析		经济费用效益分析		财务分析		经济费用效益分析	
		单位经营成本（元）	总经营成本（万元）	单位经营费用（元）	总经营费用（万元）	单位经营成本（元）	总经营成本（万元）	单位经营费用（元）	总经营费用（万元）	单位经营成本（元）	总经营成本（万元）	单位经营费用（元）	总经营费用（万元）
	原煤产量或处理原煤量（Mt）												
1	材料费												
2	燃料及动力费												
3	职工薪酬												
4	修理费												
5	地面塌陷赔偿费												
6	其他支出												
	合计												

注：若经营费用是通过直接估算得到，本表应略去财务分析相关栏目。

辅助报表 13　项目直接效益估算调整表

人民币单位：万元

产出物名称			计算期（年）												
			1				2				……	n			
			A 产品	B 产品	……	小计	A 产品	B 产品	……	小计		A 产品	B 产品	……	小计
年产出量	计算单位														
	国内														
	国际														
	合计														
财务分析	国内市场	单价（元）													
		现金收入													
	国际市场	单价（元）													
		现金收入													
经济费用效益分析	国内市场	单价（元）													
		直接效益													
	国际市场	单价（元）													
		直接效益													
合　计															

辅助报表 14　项目间接费用估算表

人民币单位：万元

序号	项　　目	合计	计 算 期（年）			
			1	2	……	n

辅助报表 15　项目间接效益估算表

人民币单位：万元

序号	项　　目	合计	计 算 期（年）			
			1	2	……	n

附表五　不确定性分析与风险分析参考报表

参考报表1　敏感性分析表

单位:%

序号	变化因素	因素变化率						
		-30%	-20%	-10%	基本方案	+10%	+20%	+30%
1	建设投资							
2	经营成本							
3	销售价格							
4	产品产量							

参考报表2　敏感度系数表

变动趋势	变动区间	变动因素			
		建设投资	经营成本	销售价格	产品产量
增加	0～+10%				
	+10%～+20%				
	+20%～+30%				
	0～+30%平均				
减少	0～-10%				
	-10%～-20%				
	-20%～-30%				
	0～-30%平均				

参考报表3　临界点分析表

序号	指标名称		单位	临界点数值	
				增加	减少
1	建设投资	相对变化率	%		
		相对变化数额	万元		
		变化后的数额	万元		
2	经营成本	相对变化率	%		
		相对变化数额	元/t		
		变化后的数额	元/t		
3	销售价格	相对变化率	%		
		相对变化数额	元/t		
		变化后的数额	元/t		
4	产品产量	相对变化率	%		
		相对变化数额	Mt		
		变化后的数额	Mt		

参考报表4　风险分析表

综合风险等级		风险影响的程度			
		严重	较大	适度	轻微
风险的可能性	高				
	较高				
	适度				
	低				

煤炭建设项目
经济评价参数

1 总 则

1.0.1 为提高投资决策的科学化水平，促进资源合理配置，提高投资效益，保证经济评价标准的相对统一性、评价结论的可比性，制定本经济评价参数。

1.0.2 本参数适用于各类煤炭建设项目的前期研究工作（包括规划、机会研究、项目建议书、预可行性研究、可行性研究）。项目中间评价和后评价可参照使用。

1.0.3 煤炭建设项目经济评价参数可按下列方式进行分类：

1. 按照使用范围，可分为财务分析参数和经济分析参数。用于建设项目财务分析的参数为财务分析参数；用于建设项目经济分析的参数为经济分析参数。

2. 按照使用功能，可分为计算参数和判据参数。用于项目费用和效益计算的参数为计算参数；用于比较项目优劣、判定项目可行性的参数为判据参数。

1.0.4 煤炭建设项目经济评价参数应根据国家与煤炭行业的发展战略与发展规划、国家的经济状况、资源供给情况、市场需求状况、煤炭行业投资经济效益、投资风险、资金成本及项目投资者的实际需要进行测定。

1.0.5 煤炭建设项目经济评价参数的测定与选用，应遵循同期性、有效性、谨慎性和准确性的原则，并结合项目所在地区、煤炭行业以及项目自身特点综合确定。

煤炭建设项目经济评价重在对事实与数据的分析，应避免主观随意性，不得简单套用参数。

1.0.6 煤炭建设项目经济评价参数具有时效性，评价人员可根据需要进行补充测算和调整。

2 财务分析参数

2.0.1 财务分析参数包括计算、衡量煤炭建设项目的财务费用效益的各类计算参数和判定项目财务可行性的判据参数。

2.0.2 财务分析判据参数主要包括判断项目盈利能力的参数和判断项目偿债能力的参数。

1. 判断项目盈利能力的参数主要包括财务内部收益率（*FIRR*）、总投资收益率、项目资本金净利润率等指标的基准值或参考值。

2. 判断项目偿债能力的参数主要包括利息备付率、偿债备付率、资产负债率等指标的参考值。

2.0.3 财务基准收益率系指建设项目财务分析中对财务现金流量采用折现方法计算财务净现值的基准折现率，是衡量项目财务内部收益率的基准值，是项目财务可行性和方案比选的主要判据。财务基准收益率反映投资者对相应项目占用资金的时间价值的判断，应是投资者在相应项目上最低可接受的财务收益率。

2.0.4 财务基准收益率的选用，应遵循下列原则：

1. 政府补贴（补助）投资的煤炭建设项目财务分析宜采用行业财务基准收益率。

2. 企业投资等其他煤炭建设项目财务分析中所采用的基准收益率，既可使用由投资者自行测定的项目最低可接受财务收益率，也可选用发布的行业财务基准收益率。

根据投资人意图和项目的具体情况，项目最低可接受财务收益率的取值可高于、等于或低于行业财务基准收益率。

2.0.5 财务基准收益率的测定应考虑下列因素：

1. 在政府投资以及按政府要求进行财务分析的煤炭建设项目中采用的行业财务基准收益率，应根据政府的政策导向进行确定。

2. 在企业投资等煤炭建设项目的财务分析中参考选用的财务基准收益率，应在分析一定时期内国家和煤炭行业发展战略、发展规划、产业政策、资源供给、市场需求、资金时间价值、项目目标等情况的基础上，结合行业特点、行业资本构成情况等因素综合测定。

3. 在中国境外投资的煤炭建设项目财务基准收益率的测定，应首先考虑国家风险因素。

4. 投资者自行测定项目的最低可接受财务收益率，应根据自身的发展战略和经营策略、具体项目特点与风险、资金成本、机会成本等因素综合测定。

2.0.6 财务基准收益率的测定可采用资本资产定价模型法（*CAPM*）、加权平均资金成本法（*WACC*）、典型项目模拟法、德尔菲（*Delphi*）专家调查法等方法，也可同时采用多种方法进行测算，将不同方法测算的结果互相验证，经协调后确定。

2.0.7 煤炭建设项目财务评价中，总投资收益率和项目资本金净利润率是采用非折现方法判断项目盈利能力的指标。煤炭建设项目推荐指标：总投资收益率为10%，资本金净利润率为8%。

2.0.8 对使用债务性资金的煤炭建设项目，应进行偿债能力分析，考察项目法人能否按期偿还借款。判断煤炭建设项目偿债能力的参数一般应满足下列要求：

1. 利息备付率（*ICR*）不应低于1。
2. 偿债备付率（*DSCR*）不应低于1。
3. 资产负债率（*LOAR*）不宜高于60%。

2.0.9 煤炭建设项目财务基准收益率。根据煤炭行业目前的经济状况、投资经济效益、综合贷款利率、产业政策、资源供求状况等进行测算，推荐指标如下：

煤炭开采、煤炭采选：项目投资所得税前财务基准收益率10%；

项目投资所得税后财务基准收益率8%。

煤炭洗选：项目投资所得税前财务基准收益率15%；

项目投资所得税后财务基准收益率12%。

项目资本金财务基准收益率由评价人员根据项目具体情况自行判定。

3 经济分析参数

3.0.1 经济分析参数包括计算、衡量项目的经济费用效益的各类计算参数和判定项目经济合理性的判据参数。

3.0.2 国家行政主管部门统一测定并发布的社会折现率和影子汇率换算系数（口岸价综合转换系数）等，在经济费用效益分析中必须采用。影子工资换算系数和土地影子价格等在经济费用效益分析中可参考选用。

3.0.3 社会折现率系指建设项目经济费用效益分析中衡量经济内部收益率的基准值，也是计算项目经济净现值的折现率，是项目经济可行性和方案比较的主要判据。

3.0.4 社会折现率应根据国家的社会经济发展目标、发展战略、发展优先顺序、发展水平、宏观调控意图、社会成员的费用效益时间偏好、社会投资收益水平、资金供给情况、资金机会成本等因素综合测定。

3.0.5 根据本参数3.0.4条需考虑的主要因素，结合当前的实际情况，测定社会折现率为8%；对于受益期长的建设项目，如果远期效益较大，效益实现的风险较小，社会折现率可适当降低，但不应低于6%。

3.0.6 影子汇率系指能正确反映国家外汇经济价值的汇率。建设项目经济分析中，项目的进口投入物和出口产出物，应采用影子汇率换算系数调整计算进出口外汇收支的价值。根据我国外汇收支、外汇供求、进出口结构、进出口关税、进出口增值税及出口退税补贴等情况，影子汇率换算系数为1.08。

3.0.7 影子工资系指建设项目使用劳动力资源而使社会付出的代价。建设项目经济分析中以影子工资计算劳动力费用。影子工资的确定，应符合下列规定：

1. 影子工资应根据项目所在地劳动力就业状况、劳动力就业或转移成本测定。

2. 技术劳动力的工资报酬一般可由市场供求决定，即影子工资一般可以财务实际支付的职工薪酬计算，其影子工资换算系数为1.0。

3. 对于非技术劳动力，根据我国非技术劳动力就业状况，其影子工资换算系数一般取为0.25～0.80，具体可根据当地的非技术劳动力供求情况确定。非技术劳动力较为富余的地区可取较低值，不太富余的地区可取较高值，中间状况可取0.50。

3.0.8 土地影子价格系指建设项目使用土地资源而使社会付出的代价。在建设项目经济费用效益分析中以土地影子价格计算土地费用。

3.0.9 土地影子价格应根据项目占用土地所处地理位置、项目情况以及取得方式的不同分别确定，具体应符合下列规定：

1. 通过招标、拍卖和挂牌出让方式取得使用权的国有土地，其影子价格应按财务价格计算。

2. 通过划拨、协议方式取得使用权的土地，应分析价格优惠或扭曲情况，参照公平市场交易价格，对价格进行调整。

3. 经济开发区优惠出让使用权的国有土地，其影子价格应参照当地土地市场交易价格类比确定。

4. 当难以用市场交易价格类比方法确定土地影子价格时，可采用收益现值法或以开发投资应得收益加土地开发成本确定。

5. 当采用收益现值法确定土地影子价格时，应以社会折现率对土地的未来收益及费用进行折现。

3.0.10 煤炭建设项目如需占用农村土地，且需要用影子价格调整土地征用费时，应符合下列规定：

1. 项目占用农村土地，土地征收补偿费中的土地补偿费及青苗补偿费应视为土地机会成本，地上附着物补偿费及安置补助费应视为新增资源消耗，征地管理费、耕地占用费、耕地开垦费、土地管理费、土地开发费等其他费用应视为转移支付，不列为费用。

2. 土地补偿费、青苗补偿费、安置补助费的确定，如与农民进行了充分的协商，能够充分保证农民的应得利益，土地影子价格可按土地征收补偿费中的相关费用确定。

3. 如果存在征地费用优惠，或在征地过程中缺乏充分协商，导致土地征收补偿费低于市场定价，不能充分保证农民利益，土地影子价格应参照当地正常土地征收补偿费标准进行调整。

3.0.11 矿业权影子价格按以下原则确定：

1. 探矿权、采矿权以招标、拍卖、挂牌等市场竞争方式取得的，其影子价格可按市场价格确定。

2. 探矿权、采矿权以申请在先方式或以协议方式出让的，用市场交易价格类比方法确定其影子价格。

附件一：

煤炭建设项目流动资金估算方法

第一条 流动资金系指生产期内长期占用并周转使用的营运资金，不包括运营中需要的临时性营运资金。

从狭义角度，流动资金又称营运资金，指流动资产减去流动负债的余额。流动资产指可以在一年或超过一年的一个营业周期内变现或使用的资产，主要包括现金、有价证券、应收账款、预付账款、短期投资、待摊费用、应收票据、存货等。流动负债指在一年或超过一年的一个营业周期内必须清偿的债务，主要包括银行短期借款、应付账款、应付票据、预收账款、应计费用等。

从有效管理的角度，企业应以一定量的流动资金为基础从事生产经营活动。这是因为，在商业信用高度发达的条件下，企业的流动资产可转化为现金，构成现金流入之源；企业偿还流动负债需支付现金，构成现金流出之源。虽然流动资产各项目的流动性不尽相同，但相对来说，持有流动资产越多，企业的偿债能力就越强。企业持有一定数量流动资金的另一个原因是现金流入量与流出量的非同步性和不确定性，这主要表现在：企业支付材料货款在先，取得现金收入（产品销售）在后；未来经营活动的不确定性，使现金流量预测难以准确。在经济活动中，大多数企业的现金流入与现金流出无法在时间上相互匹配，因此，需要保持一定数量的流动资金，以备偿付到期债务和当期费用。

第二条 流动资产可按实物形态和其在生产经营过程中的作用进行分类。

一、按实物形态分类

按实物形态分为：现金及各种存款、应收及预付货款、短期投资、存货等。

现金和各种存款是指企业的库存现金或外币现钞，以及存入境内外的人民币存款和外币存款。它是每个企业为履行财务责任所必须具备的、不可缺少的支付手段，在企业中流动性最强，也是其他流动资产的最终转换对象。

应收及预付货款是指企业因出售商品、物资和提供劳务而获得向购货单位收取货款的权力和因其他经济关系应向购货单位收取的款项，包括：应收票据、应收账款、其他应收款、预付货款和待摊费用等。

短期投资是指能够随时变现、持有时间不超过一年的有价证券以及不超过一年的其他投资。这部分资产的变现能力较强。

存货是指企业在生产经营过程中为销售或者耗用而储存的各种资产，包括商品、产成品、半成品、在产品以及各种材料、燃料、包装物、低值易耗品等。存货具有较大的流动性，且其占用或分布于生产经营各环节，在流动资产中占有较大的比重。

二、按在生产经营过程中的作用分类

按在生产经营过程中的作用分为：生产领域中的流动资产和流通领域中的流动资产。

生产领域中的流动资产是指在产品生产过程中发挥作用的流动资产，如存货中的原材料、辅助材料。

流通领域中的流动资产是指在商品流通过程中发挥作用的流动资产。工业企业存货中的产成品、外购商品以及现金也属于流通领域中的流动资产。

第三条 在财务会计层面，与流动资产相对应的流动负债主要包括：短期借款、应付短期债券、应付票据、应付账款、预收账款、其他应付款以及应计费用等。在财务管理层面，流动负债一般是按其是否具有自然属性进行分类，包括自然性融资和协议性融资两个部分。其中，应付票据、应付账款、预收账款、其他应付款以及应计费用等属于自然性融资范畴，因为它们是企业日常交易中自然发生的，且大部分均不存在名义上的融资成本。而短期借款和应付短期债券则属于协议性融资范畴，因为它们均需要签订正式的融资协议，也存在一定的融资成本。

第四条 流动资产投资又称经营性投资，与固定资产相比，有如下特点：

一、投资回收期短

投资于流动资产的资金一般在一年或一个营业周期内收回，对企业影响的时间比较短。因此流动资产投资所需要的资金一般可通过商业信用、短期银行借款等加以解决。

二、流动性强

流动资产在循环周转过程中，经过供产销三个阶段，其占用形态不断变化，即按现金→材料→在产品→产成品→应收账款→现金的顺序转化。流动性使流动资产的变现能力较强，如遇意外情况，可迅速变卖流动资产，以获取现金。

三、并存性

在流动资产的周转过程中，每天不断有资金流入，也有资金流出，流入和流出总要占用一定的时间，从供产销的某一瞬间看，各种不同形态的流动资产同时存在。

四、波动性

占用在流动资产的投资并非一个常数，随着供产销的变化，其资金占用时高时低，起伏不定。随着流动资产占用量的变动，流动负债的数量也会相应变化。

第五条 与长期负债融资相比，流动负债融资具有以下特点：

一、速度快

申请短期借款往往比申请长期借款更容易、更便捷，通常在较短时间内便可获得。长期借款的借贷时间长，贷方风险大，贷款人需要对企业的财务状况评估后才能作出决定。因此，当企业急需资金时，往往首先寻求短期借款。

二、弹性高

与长期债务相比，短期贷款给债务人更大的灵活性。长期债务债权人为了保护自己的利益，往往要在债务契约中对债务人的行为加以种种限制，使债务人丧失某些经营决策权。而短期借款契约中的限制条款比较少，使企业有更大的行动自由。

三、成本低

在正常情况下，短期负债筹资所发生的利息支出低于长期负债筹资的利息支出。而某些自然融资（如应付税金、应计费用等）则没有利息负担。

四、风险大

尽管短期债务的成本低于长期债务，但其风险却大于长期债务。这主要表现在两个方面：一是长期债务的利息相对比较稳定，即在相当长一段时间内保持不变，而短期债务的借款利率则随市场利率的变化而变化，时高时低；另一方面，如果企业过多筹措短期债务，当债务到期时，企业不得不在短期内筹措大量资金还债，这极易导致企业财务状况恶化，甚至会因无法及时还债而破产。

第六条 企业的流动资产随着生产经营过程的进行，不断地由一种形态转化为另一种形态，完成一次生产经营周期，流动资产也完成一次循环。其循环可用资金流的形式反映。货币资金投入到再次获得，主要涉及到货币资金的收支、原材料的购置、存货和产品的销售，还涉及到应收账款与应付账款的管理等，见图 1。

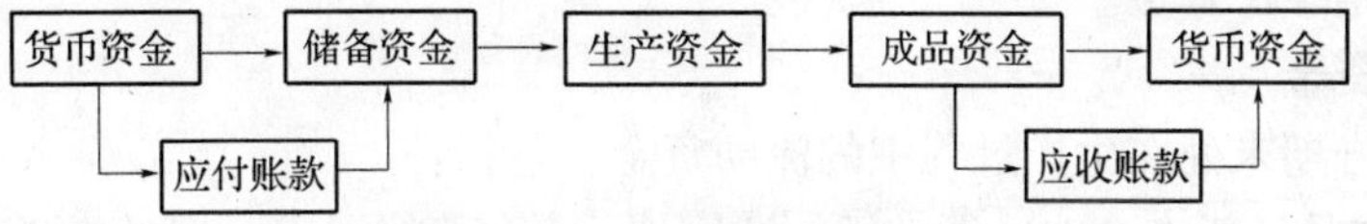

图 1 流动资金循环

第七条 煤矿企业的流动资金，主要按其在生产过程中的各种占用形态进行分类统计，如储备资金、生产资金、产成品资金、结算资金、货币资金等。

一、储备资金

指企业为保证正常生产需要而储备的各种物资所占用的资金。包括：

（一）原料：指在生产过程中经过加工制造构成产品实体的物质。选煤厂入选原料煤即属此类。

（二）辅助材料：指直接用于生产，有助于产品的形成，或便于生产的进行，但不构成产品主要实体的材料。在煤矿企业中，这类材料品种多，变动大，是储备资金中占比重最大的项目。

（三）燃料：就其性质而言，属于辅助材料。通常归类到动力费用中，包括露天矿大量使用的柴油、各类企业车辆耗用的汽油等。煤矿企业除使用外单位煤炭作为原料或燃料的需单独反映外，一般均不把它从产品中划分出来。也就是说，煤矿企业使用自产煤炭作燃料包括在产成品里，不单独反映。

（四）修理用备件：指对各项设备进行日常修理，或更换其磨损部分所需要的零部件。煤矿企业使用着大批设备，并在不断地增加和更新，随着装备机械化水平的不断提高，修理用备件呈逐步增加的趋势。

（五）包装物：指在生产过程终了和在销售过程中，用于包装产品并随产品一并销售的包装材料和包装物品。煤炭产品直接装入铁路或公路等运输工具，无需包装，故无此项目。

（六）低值易耗品：结合煤炭生产的特点，矿井主要指风镐、风钻、电钻、小电动机、小变压器、煤车、坑木台车、小水泵、矿灯、局扇、开关等物品；露天矿主要指钻杆、钻头、斗齿、轮胎等物品；选煤厂主要指小水泵、小电机、小齿轮等物品。

二、生产资金

指企业报告期末处在生产过程中的流动资金。

生产资金包括在产品、自制半成品及待摊费用。煤炭企业一般不核定生产资金，但有时也把辅助车间正在加工中的零件、配件作为在产品计算。严格地说，煤矿生产过程中是存在着生产资金的，就矿井而言，第一，从采煤工作面采出的、尚未提升到井口计量的正在运输过程中的原煤，从资金占用形态来看应当属于生产资金。第二，为了取得某一范围内煤层所作的由煤矿生产成本负担的采煤巷道等工程，在尚未开采这一部分煤层时，这些费用实际上属于待摊费用性质的生产资金。但鉴于分摊这一部分资金相当复杂，且原煤成本是以包括在产品和待摊费用在内的期内全部人力、物力耗用等费用计算的，同时在持续均衡生产的情况下，可以把在产品和待摊费用视作循环周转的暂存数量，理解为本月的生产资金是上月遗留下来的，只是在矿井生产成本中多负担了一部分在产品的费用。因此，煤矿企业不核定生产资金。

三、成品资金

指企业报告期末处在生产过程中的流动资金。包括：

（一）产成品：指本企业已经加工制造完成，并经验收入库、符合标准规格和技术条件，可以销售的产品。按照财务制度规定，投入成品上的流动资金，不仅包括库存产品，而且还包括产品虽已发出尚未办理托收手续的已发商品。

（二）外购商品：指企业由外部购入，不需要经过任何加工即可销售的商品。

（三）发出商品：指企业在采用托收承付结算形式下，虽已将产品发给用户，但尚未收回货款的那部分商品，以及代购货单位垫付的包装、运输费用。

四、结算资金

企业报告期末处于结算过程的往来款项，指企业在对外和对内的结算过程中发生的应收和暂付款。包括备用金、应收货款及属于企业应收预付的各种债券。

五、货币资金

指企业报告期末处于结算过程的往来款项。包括：

（一）现金：指企业的库存现金。

（二）其他货币资金：指企业持有的各种有价证券及尚未收到的在途货币资金。

第八条 生产企业流动资金占用定额一般可按流动资金在生产过程中的各种占用形式，即储备资金、生产资金、成品资金等分别测定，基本方法主要有以下几种。

一、周转期预测法

是根据各种物品（或产品）的平均每天周转额和周转期来测定资金占用量的方法。计算公式为：

$$\text{流动资金占用量} = \text{平均每天周转额} \times \text{周转期}$$

公式中平均每天周转额，即平均每天需要的数额，它直接影响流动资金定额的多少，平均每天需要数额大，流动资金占用就多，反之，流动资金占用就少。

公式中的周转期是指资金从投入周转到完成一次周转所需要的时间（天数）。周转期的长短对资金定额也发生直接的影响，周转期缩短，就可以减少流动资金的占用数量，反之，则要增加。

周转期预测法是测算流动资金占用量的基本方法。原材料、在产品和产成品等资金项目一般均可采用这种方法测算。

二、分析计算预测法

是以上年度资金的合理占用数额为基础，分析计划年度各项变动因素，经过计算调整来测定流动资金占用量的方法。这种方法比较简单，主要用于产、供、销的条件变化不大的企业。

采用分析计算预测法时，应考虑以下各项因素变动对流动资金占用量的影响。

（一）不合理数值的影响。删除上年度流动资金实际占用数中不合理的部分，如呆滞积压物资，超储积压的在产品和产成品等。删除这些数额后，就使上年度流动资金实际占用数符合正常生产所需要的合理水平。

（二）计划年度生产增长的影响。生产增长对资金占用项目的影响程度是不同的。调整方法就是要分别情况、区别对待。与生产有直接联系的项目，如原材料、包装物、在产品和产成品等，可以直接按产量的增长率进行调整。有的项目，如工具、修理配件、劳保用品等，虽然与生产量有一定的联系，但并不成比例增长，往往与机器设备台数和工人人数有关，可按机器设备台数和人员变动比例调整。

（三）计划年度成本变动的影响。当计划年度采取措施增加产量、修旧利废、节约材料和费用时，既降低成本，又减少资金需用量。因此，在测定流动资金占用量时，应考虑成本降低因素。

（四）计划年度加速流动资金周转的要求。随着企业经营管理不断改善，资金周转速度将加快。因此，在测算时应考虑计划年度供、产、销的条件可能改善的情况和企业对加速资金周转的要求，并参照本企业历史先进水平和同行业的先进水平，确定计划年度加速流动资金周转的幅度。

（五）扣除非经常占用额。由于流动资金上年平均余额一般包括经常占用和非经常占用的流动资金，因此，应注意在上年平均余额中扣除非经常占用额。

计算公式如下：

$$\text{流动资金占用量}=\left(\text{流动资金上年平均余额}-\text{非经常占用额}-\text{不合理占用额}\right)\times\left(1+\text{计划年度生产增长率}\right)\times\left(1-\text{计划年度资金周转加速率}\right)$$

三、比例预测法

是根据流动资金和相关因素的比例关系来测定流动资金占用量的方法。计算公式如下：

（一）采用销售收入资金率时：

$$\text{流动资金占用量}=\text{计划年度商品销售收入总额}\times\text{计划销售收入资金率}$$

$$\text{计划销售收入资金率}=\left(\frac{\text{上年流动资金占用平均余额}-\text{不合理占用额}-\text{非经常占用额}}{\text{上年实际商品煤销售收入总额}}\right)\times 100\%\times\left(1-\text{计划年度资金周转加速率}\right)$$

（二）采用产值资金率时：

$$\text{流动资金占用量}=\text{计划年度总产值}\times\text{计划产值资金率}$$

$$\text{计划产值资金率}=\left(\frac{\text{上年流动资金占用平均余额}-\text{不合理占用额}-\text{非经常占用额}}{\text{上年实际总产值}}\right)\times 100\%\times\left(1-\text{计划年度资金周转加速率}\right)$$

（三）采用成本资金率时：

$$\frac{\text{流动资金}}{\text{占用量}}=\frac{\text{全部产品}}{\text{计划成本总额}}\times\frac{\text{计划成本}}{\text{资金率}}$$

$$\begin{array}{c}\text{计划}\\\text{成本}\\\text{资金率}\end{array}=\left(\frac{\frac{\text{上年流动资金}}{\text{占用平均余额}}-\frac{\text{不合理}}{\text{占用额}}-\frac{\text{非经常}}{\text{占用额}}}{\frac{\text{上年全部产品}}{\text{实际成本总额}}}\right)\times100\%\times\left(1-\begin{array}{c}\text{计划年度}\\\text{资金周转}\\\text{加速率}\end{array}\right)$$

（四）采用利润资金率时：

$$\frac{\text{流动资金}}{\text{占用量}}=\frac{\text{计划年度商品}}{\text{产品销售利润}}\times\frac{\text{计划利润}}{\text{资金率}}$$

$$\begin{array}{c}\text{计划}\\\text{利润}\\\text{资金率}\end{array}=\left(\frac{\frac{\text{上年流动资金}}{\text{占用平均余额}}-\frac{\text{不合理}}{\text{占用额}}-\frac{\text{非经常}}{\text{占用额}}}{\frac{\text{上年实际商品}}{\text{产品销售利润}}}\right)\times100\%\times\left(1-\begin{array}{c}\text{计划年度}\\\text{资金周转}\\\text{加速率}\end{array}\right)$$

四、余额预测法

是按照计划年度的预计期末余额测定流动资金占用量的方法。计算公式如下：

流动资金占用量 = 计划期初余额 + 计划期发生额 − 计划期摊销额

第九条 根据煤炭建设项目的特点，流动资金估算可采用扩大指标估算法或分项详细估算法。

第十条 扩大指标估算法是参照同类企业流动资金占销售收入、经营成本、建设投资的比例，或单位生产能力占用营运资金的数额估算流动资金。一般用于总体规划、机会研究或项目建议书（预可研）阶段。

流动资金的计算公式为：

年流动资金 = 年费用基数 × 流动资金占用率

年流动资金 = 设计生产能力 × 单位生产能力占用流动资金的数额

扩大指标如下：

单位生产能力占用流动资金的数额：矿井 10～20 元/t；露天矿 7～15 元/t。

选煤厂年费用基数为经营成本扣除原料煤，流动资金占用率为 40%。

第十一条 分项详细估算法，是对流动资产和流动负债主要构成要素，即存货、现金、应收账款、预付账款以及应付账款和预收账款等几项内容分项进行估算，进而估算出流动资金。计算公式为：

流动资金 = 流动资产 − 流动负债

流动资产 = 应收账款 + 存货 + 现金 + 预付账款

流动负债 = 应付账款 + 预收账款

一、周转次数估算

周转次数计算公式为：

周转次数 = 360 天/周转天数

各类流动资产和流动负债的周转天数参照同类企业的平均周转天数并结合项目特点确定，同时也应考虑投入和产出性质、供应来源以及各分项的属性，并考虑储存天数、在途天数和适当的保险系数。也可按部门（行业）规定确定。以上办法确定周转天数有难度时，可参考表1数值。

表1　周转天数参考表

序号	项　目	周转天数（天）		
		矿井	露天矿	选煤厂
1	库存材料	60~120	60~100	主材4/辅材100
2	库存产品	3~7	3~7	3
3	应收账款	20~40	30~60	30
4	现金	15~30	15~30	15
5	应付账款	15~30	15~30	30

注：选煤厂主材系指原料煤。

二、流动资产估算

（一）存货估算：根据煤炭建设项目的特点，存货中可考虑外购材料、燃料和产成品，并分项进行计算。计算公式为：

存货=外购材料、燃料+产成品

外购材料、燃料=年外购材料、燃料费用/分项周转次数

产成品=（年经营成本-年其他支出）/产成品周转次数

（二）应收账款估算：

应收账款计算公式为：

应收账款=年经营成本/应收账款周转次数

（三）预付账款估算：

预付账款计算公式为：

预付账款=外购商品或服务年费用金额/预付账款周转次数

（四）现金估算：

现金计算公式为：

现金=（年职工薪酬+年其他支出）/现金周转次数

三、流动负债估算

（一）应付账款估算：

应付账款计算公式为：

应付账款=年外购材料、燃料动力费用/应付账款周转次数

（二）预收账款估算：

预收账款计算公式为：

预收账款=预收的销售收入年金额/预收账款周转次数

第十二条　流动资金估算应注意以下事项：

（一）老矿区的新建矿井、露天矿、选煤厂项目，可参照邻近煤炭企业的平均先进水平，综合考虑煤炭产品供需状况，材料、燃料、配件等供应条件，以及交通运输便利程度等因素调整估算。

（二）对铺底流动资金有要求的建设项目，应按其要求计算铺底流动资金。如无规定，可按全部流动资金的 30% 计算。

（三）投产第一年所需的流动资金应在建设项目投产前安排。为了简化计算，项目评价中流动资金可从投产第一年开始安排。

（四）当投入物和产出物采用不含税价格时，估算中应注意将进项税额和销项税额分别包括在相应的年费用（收入）金额中。

（五）当材料为多种，需要细化时，可分类给出材料额和周转天数。

（六）若难以确定预付账款周转次数和预收账款周转次数，可不考虑预付账款和预收账款。

附件二：

煤炭建设项目成本费用估算方法

第一条 产品成本费用是反映企业生产活动与经营效果的综合性指标，是企业技术经济分析的重点。煤炭建设项目成本费用是矿井、露天矿、选煤厂咨询研究和设计中技术方案在经济方面的综合反映，既是煤炭建设项目经济评价的基本数据，也是影响建设项目经济评价结论的敏感因素。合理估算煤炭产品成本费用，对建设项目方案比选、可行性研究经济评价以及设计阶段的经济分析有着极其重要的作用。

第二条 在对煤矿企业成本核算资料调查分析的基础上，根据《企业财务通则》、《企业会计制度》，参考原《工业企业成本核算办法》、原《煤炭工业企业成本管理办法》，结合现代煤炭工业企业的特点制订本方法。

第三条 煤矿企业内部生产经营组织，一般分为直接从事产品生产的基本生产单位、间接从事生产的辅助生产单位、从事自用产品或材料生产的附属生产单位和从事生产经营管理工作的企业管理部门。实际成本核算时，将这些组织划分为归属性核算环节（基本生产单位和附属生产单位）和过渡性环节（辅助生产单位和企业管理部门）。

第四条 成本核算对象是指在成本计算过程中为归集和分配费用而确定承受费用的产品或劳务。矿井、露天矿以原煤产品为核算对象，选煤厂以入选原料煤或选煤产品为核算对象。

第五条 成本费用可以按照费用的经济用途分类，也可按照费用的经济内容进行分类。按照费用的经济用途分为生产成本和期间费用两大类，按照费用的经济内容（费用要素）分为材料费、燃料及动力费、职工薪酬、修理费、地面塌陷赔偿费、折旧费、维简费、井巷工程费、安全费用、摊销费、利息支出和其他支出等。

成本费用经济内容和经济用途关系见表1。

表1 成本费用经济内容和经济用途关系表

序号	经济用途 / 经济内容	生产成本（制造成本）			期间费用		
		直接材料	直接职工薪酬	制造费用	管理费用	财务费用	销售费用
1	材料费	√		√	√		
2	燃料及动力费	√		√	√		√
3	职工薪酬		√	√	√		√
4	修理费			√	√		√
5	地面塌陷赔偿费			√			
6	折旧费			√	√		√
7	维简费			√			

续表1

序号	经济用途 / 经济内容	生产成本（制造成本）			期间费用		
		直接材料	直接职工薪酬	制造费用	管理费用	财务费用	销售费用
8	井巷工程费			√			
9	安全费用			√			
10	摊销费				√		√
11	利息支出						
(1)	长期借款利息					√	
(2)	流动资金利息					√	
(3)	其他短期借款利息					√	
12	其他支出			√	√	√	√

第六条 煤炭企业生产与经营中，按照经济用途核算成本费用。煤炭建设项目经济评价中，按经济内容估算成本费用，称其为费用要素估算法。

第七条 制造成本法是企业按照经济用途核算产品的成本费用。根据《企业财务通则》和《企业会计准则》，成本费用的开支范围包括生产成本（也称制造成本）和期间费用（包括管理费用、财务费用、销售费用）两部分。

一、生产成本

指企业为生产一定种类和数量的产品所发生的费用，即直接材料费、直接燃料和动力费、直接职工薪酬和制造费用的总和。

（一）直接材料费：指企业在生产产品过程中，实际消耗的直接用于产品生产并构成产品实体的原料、主要材料、外购半成品、外购零配件，以及有助于产品形成的辅助材料。

（二）直接燃料和动力费：指企业在生产产品过程中，实际消耗的、外部购进的燃料和动力。

（三）直接职工薪酬：指企业在生产产品过程中，直接参加产品生产的工人的各种形式的报酬以及其他相关支出。

（四）制造费用：指企业为生产产品而发生的，应计入产品成本但不专设成本项目的各种费用。包括：间接产生于产品生产的费用；各个生产单位（分厂、车间、工段、区队）为生产组织和管理所发生的各项费用；以及直接用于产品生产，但管理上不要求或者不便于单独核算，因而不专设成本项目的费用。具体有：生产单位管理人员的薪酬、生产单位房屋建筑物、构筑物及机器设备折旧费和租赁费、维简费、安全费用、地面塌陷赔偿费、修理费、机物料消耗、低值易耗品、取暖费、水电费、办公费、差旅费、运输费、保险费、设计制图费、试验检验费、劳动保护费、季节性修理期间停工损失以及其他制造费等。

二、期间费用

指企业一定期间所发生的不能直接归属于某个特定产品生产成本的费用，包括销售费用、管理费用、财务费用。在发生时直接计入当期损益。

（一）销售费用：指企业在销售过程中发生的各项费用，包括企业销售商品过程中发生的运输费、装卸费、包装费、保险费、展览费和广告费等，以及为销售本企业商品而专设的销售机构（含销售网点，售后服务网点等）的职工薪酬、燃料及动力费、修理费、折旧费、摊销费和业务费等经营费用。

内销煤炭多为坑口或产品仓下交货，一般不单独出现销售费用，有关费用支出由管理费用支付。外销煤炭应视交货方式与交货地点加以考虑，考虑时应注意与产品售价、其他成本支出计算口径的协调。

（二）管理费用：指企业为组织和管理生产经营活动所发生的各项费用，包括董事会和行政管理部门在企业经营管理过程中发生的，或者应当由企业统一负担的公司经费（包括行政管理部门职工薪酬、修理费、物料消耗、低值易耗品摊销、办公费和差旅费等）、董事会费、中介机构服务费、咨询（顾问）费、诉讼费、业务招待费、房产税、车船使用税、土地使用税、印花税、技术转让费、矿产资源补偿费、采矿权使用费、无形资产及其他资产摊销费、研究与开发费、排污费、存货盘亏或盘盈、计提的坏账准备、减值准备和跌价准备等。

（三）财务费用：指企业为筹集生产经营所需资金等而发生的费用，包括应当作为期间费用的利息净支出（利息支出减利息收入）、汇兑净损失（汇兑损失减汇兑收益）、以及相关手续费等。

第八条 费用要素估算法是将分布于生产成本和期间费用中名称和性质相同的要素进行适当归并，按归并后的各要素逐一估算的方法。费用要素一般可划分为材料费、燃料及动力费、职工薪酬、修理费、地面塌陷赔偿费、折旧费、维简费、井巷工程费、安全费用、摊销费、利息支出和其他支出等。具体内容和估算方法如下：

一、材料费

指构成产品实体的原料、主要材料、外购半成品、外购零配件和有助于产品形成的辅助材料等直接材料费，以及为生产组织和管理所发生的和应当由企业统一负担的物料消耗费用。

（一）矿井材料费：

1. 木材，指用于原煤生产的坑木、木材等。

2. 支护用品，指井下木材支护以外的其他支护材料，包括：单体液压支柱（不包括组成综采设备的液压支架）、金属支架、金属支柱、铰接顶梁、水泥支架、锚杆、金属网、荆片等。

3. 火工用品，指用于原煤生产的火药、雷管、导火线等。

4. 大型材料，指原煤生产使用的各种规格型号的钢铁管、钢轨、钢丝绳、电缆、输送机胶带（不包括强力胶带）等。

5. 配件，指生产维修用各种配件。包括普机与综机配件、溜槽、大链和各种设备在中、小修理中更换的各种配件等。

6. 专用工具，指原煤生产专用工具，包括风镐、风钻、电钻、矿灯、7.5kW 及以下的电动机和水泵、200A 及以下的低压防爆开关、10kVA 及以下的变压器、局扇、4t 及以下矿车、坑木台车、自救器等。

7. 自用煤，指用于原煤生产的自产煤炭。如井口烘炉、井口锅炉房、井口浴室、井筒保暖以及厂房、办公室等用煤。

8. 劳保用品，指用于原煤生产的按劳动用品发放范围规定发给工人、干部的劳动保护用品，如工作服、胶鞋、手套、安全帽等。

9. 建工材料，指原煤生产用于掘进、砌碹、回采充填、锚喷、密闭、灭火和生产维修等方面消耗的砖、瓦、砂、石、水泥等建筑材料。

10. 油脂及乳化液，指用于原煤生产的各种润滑油、润滑脂、乳化液等。

11. 其他材料，凡不包括在以上各项消耗的其他材料。

一般将木材、支护用品、火工用品、大型材料、自用煤、配件、专用工具及劳保用品归为主要材料，其余为辅助材料。

计算式为：

$$材料费 = 主要材料费 + 辅助材料费$$

$$主要材料费 = \sum 某种材料消耗量 \times 材料单价$$

$$辅助材料费 = 主要材料费 \times 辅材系数$$

主要材料费根据《矿井原煤单位材料费估算表》中给定的计算方法计算。

辅材系数为辅助材料费占主要材料费的比例系数。根据调查及统计资料分析，辅材系数按以下原则选取：

普采、炮采按 40% ~50%；高档普采、综采按 30% ~35%。

地质条件简单、开采技术条件好时取下限，地质条件复杂、开采技术条件差时取上限。

当不具备上述计算条件时，可参考邻近矿区类似矿井的实际成本数据进行估算。

（二）露天矿材料费：

1. 主要材料，包括火工用品、大型材料（轮胎）、配件（包括钻头、铲齿等）、专用工具、劳保用品等。

2. 辅助材料，包括建工材料、油脂、乳化液及其他零星材料。计算式为：

$$材料费 = 主要材料费 + 辅助材料费$$

$$辅助材料费 = 主要材料费 \times 辅材系数$$

火工产品消耗量一般应根据设计方案确定，也可按下列规定选取：

炸药消耗量一般为 0.3 ~0.5kg/m^3，岩石硬度系数 $f \leqslant 3$ 时不发生炸药消耗，$3 < f \leqslant 5$ 时取下限，$5 < f \leqslant 8$ 时取中间值，$f > 8$ 时取上限。冻土参照 $3 < f \leqslant 5$ 的情况取下限。

抛掷爆破的炸药单耗为 0.6 ~0.8kg/m^3。

其他火工产品按炸药成本的 15% ~20% 计算。

大型材料、配件、专用工具按年投入设备价值的百分比计算，挖掘机为 2.5%，汽车为 4.0%，轮斗 1.0%，吊斗铲 1.0%，胶带系统 2.0%；其他设备 2.5%。

劳保用品以在籍生产人员数为基数，按每人年 2000 ~3000 元计算。

辅材系数按 20% ~25% 计取。

（三）选煤厂材料费：主要材料为入选原料煤，计算式为：

主要材料（原料煤）费 = 设计规模 × 原煤单价

如果原料煤为外购，原煤单价应按入库价格计算，即在到厂价格的基础上，考虑途、库损耗。

辅助材料主要包括：备品备件（包括齿棍、钢球、钢棒、衬板、滤布、胶带、筛网等）、油脂（包括润滑油、滑润脂、浮选用煤油）及其他材料（包括选煤用水、大型材料、劳保用品、自用煤、重介质等）。

辅助材料的消耗与选煤工艺密切相关，不同的选煤工艺，辅助材料消耗差异会较大。不同的煤质、设备性能及管理水平，也对辅助材料的消耗产生一定程度的影响。

辅助材料的估算，可根据项目具体情况按以下两种办法进行：

1. 参照同一地区（或相邻地区）同厂型、同工艺在生产的选煤厂实际情况，结合项目的具体情况估算。

2. 以《选煤厂经营费用指标》中辅助材料费指标为依据，按照物价上涨指数进行修正。

二、燃料及动力费

一般指煤炭生产经营过程中耗用的全部电力、燃料、蒸汽和风力等所支付的费用。可根据项目燃料及动力消耗量与外购综合动力价格计算。蒸汽和风力一般不需外购或外购量较小，因此，估算时可只考虑燃料及电力费。计算式为：

燃料及动力费 = 电力费 + 燃料费

（一）电力费：

电力费 = 电力消耗量 × 综合电力价格

电力消耗量是全矿（厂）所有用电耗量，包括生产、辅助生产、行政福利及照明用电。综合电力价格为项目所在地同用途的电力综合价格，应考虑基本电价、电度电价、力率奖罚和电力附加费。

（二）燃料费：

燃料费 = 燃料消耗量 × 燃料价格

燃料价格为采购运输到自备油库后的价格。

矿井井下辅助运输采用无轨胶轮车运输方式时，需要估算燃料费。燃料消耗量可按设计消耗量计算，也可参照类似生产矿井的实际消耗量估算。

露天矿燃料消耗量根据工艺专业设计消耗量计算，或按表 2 估算单位油耗。

表 2　单位油耗参考表

车型（载重吨）	柴油消耗（公斤/车公里）	机油占柴油比重（%）	其他油占柴油比重（%）
20	0.8 ~ 1.2	7 ~ 10	1 ~ 3
27	1.35 ~ 1.7	7 ~ 10	1 ~ 3
32	1.4 ~ 2.0	7 ~ 10	1 ~ 3
45	1.5 ~ 1.8	7 ~ 10	1 ~ 3
50	2 ~ 2.6	7 ~ 10	1 ~ 3
68	2.5 ~ 3.3	7 ~ 10	1 ~ 3

续表 2

车型（载重吨）	柴油消耗（公斤/车公里）	机油占柴油比重（%）	其他油占柴油比重（%）
91	4.5～5.5	6～8	1～3
100	5.5～7.0	6～8	1～3
108	5.0～6.5	6～8	1～3
154	7.0～7.5	6～8	1～3
175	5.63～7.5	6～8	1～3
189	10.59～14.12	6～8	1～3
230	13.62～18.16	6～8	1～3
350	20.00～26.69	6～8	1～3

注：道路路面技术条件好时取下限，反之取上限。

选煤厂不考虑燃料费。

三、职工薪酬

指企业为获得职工提供的服务而给予各种形式的报酬以及其他相关支出。

（一）职工工资（含奖金、津贴和补贴）：指企业支付给在本企业任职或者受雇员工的所有的现金或者非现金形式的劳动报酬。具体为计入原（选）煤成本的生产工人、管理人员、服务人员、其他人员的工资，但不包括应由其他产品负担的工资和福利事业单位、工会工作人员、六个月以上病假人员的工资。明细分设如下：

1. 基本工资，根据工资标准和等级按月或按日计算的计时工资和支付给计件工人的标准工资部分。

2. 奖金，按企业效益情况发放应由原煤成本负担的奖金。

3. 津贴，包括下井津贴、班组长津贴、班中餐津贴。

4. 补贴，包括副食补贴等。

5. 年终加薪，年终按效益支付的工资。

6. 加班工资，节假日加班支付的工资。

7. 其他工资，以上工资项目以外的工资。如直接支付的病（六个月以下）、伤、产、婚、丧、探亲假工资和执行社会义务的公假工资等。

职工工资是支付给全体职工的劳动报酬。不论是生产人员，还是非生产人员；也不论是合同制职工，还是临时工，只要是企业职工，其工资均应计入职工工资。

职工工资根据矿井（露天矿、选煤厂）在籍人员总数，扣除铁路专用线人员（铁路专用线单独进行费用与效益分析时）和由专项基金开支的人员后计算。

职工工资可采用以下两种方法估算：

方法一：

$$职工工资 = 主要工资 + 其他工资$$

$$主要工资 = \sum 某类在籍人员数 \times 该类人员年平均工资$$

$$其他工资 = 主要工资 \times 系数$$

在籍人员的类别可按生产工人（井下工人、地面工人）、管理人员和其他人员分类划分。

系数指其他工资占主要工资的比例系数，经调查分析，矿井、露天矿按 20% ～30% 计取，选煤厂按 5% 取定。

年平均工资按当地、相邻矿区或国内已经运营的类似项目平均工资单价估算。按照高效率、高效益的原则，应考虑劳动生产率不同对工资单价水平的影响，劳动生产率较高时，平均工资单价应适当提高。

方法二：

当难以取得分类人员年平均工资时，可按全矿（厂）全部人员年均工资计算。

职工工资 = 全矿（厂）在籍人员数 × 年人均工资

（二）职工福利费：指依据列入原（选）煤成本的实发职工工资，扣除副食品补贴和各种奖金（包括计件超额工资、浮动工资、提存工资）和落实政策补发的工资及生活困难补助后的净额，按 14% 提取的职工福利费，以及医护人员按上列标准提取的职工福利基金。具体用于：

1. 医疗卫生费，包括医务经费和职工因工负伤就医路费等。

2. 职工生活困难补助费，是对生活困难职工实际支付的定时性和临时性补助。

3. 集体福利事业补贴，是对职工食堂、浴室、洗衣室等集体福利设施各项支出与收入相抵后的差额补助费。

4. 集体福利设施费，是按照国家规定开支的集体福利设施费用，如职工食堂炊事用具的购置及修理费用，职工宿舍的修缮费用等。不包括由企业职工自筹经费开支的职工福利设施的基本建设费用。

5. 其他，包括探亲路费，因工负伤医疗期间的伙食补贴，计划生育补贴（独生子女儿童保健费），以及按照国家规定开支的其他职工福利开支。

成本估算时，职工福利费可简化按职工工资的 14% 计算。

（三）社会保障费：包括养老保险费、医疗保险费、失业保险费、工伤保险费、生育保险费。

1. 养老保险费：根据《国务院关于建立统一的企业职工基本养老保险制度的决定》（国发〔1997〕26 号）规定，企业缴纳基本养老保险费比例，一般不得超过企业工资总额的 20%（包括划入个人账户的部分），具体比例由省、自治区、直辖市人民政府确定。

成本估算时，应尽量按照项目所在地规定比例计算。条件不具备时，可按职工工资的 20% 估算。

2. 医疗保险费：根据《国务院关于建立城镇职工基本医疗保险制度的决定》（国发〔1998〕44 号）规定，企事业单位缴费率控制在职工工资总额的 6% 左右。

成本估算时，应尽量按照项目所在地规定比例计算。条件不具备时，可按职工工资的 6% 估算。

3. 失业保险费：根据《失业保险条例》（国务院令第 258 号）规定，企事业单位按照本单位工资总额的 2% 缴纳失业保险费。

成本估算时，应尽量按照项目所在地规定比例计算。条件不具备时，可按职工工资的 2% 估算。

4. 工伤保险费：根据《工伤保险条例》（国务院令第 375 号）和劳社部发（2003）29 号文件规定，煤炭开采业属于三类风险行业，平均缴费基准费率控制在在职职工工资总额的 2% 左右，并可上下浮动两档。

成本估算时，应尽量按照项目所在地规定比例计算。条件不具备时，可按职工工资的

2% 估算。

5．生育保险费：根据《关于发布〈企业职工生育保险试行办法〉的通知》（劳部发〔1994〕504 号）规定，由企业按照其工资总额的一定比例向社会保险经办机构缴纳生育保险费，建立生育保险基金。生育保险费的提取比例由当地人民政府确定，但最高不得超过工资总额的 1%。

成本估算时，应尽量按照项目所在地规定比例计算。条件不具备时，可按职工工资的 1% 估算。

（四）住房公积金：根据《国务院关于修改〈住房公积金管理条例〉的决定》（国务院令第 350 号）规定，职工和单位住房公积金的缴存比例均不得低于职工上一年度月平均工资的 5%，有条件的城市，可以适当提高缴存比例（一般为 8% ~12%）。

成本估算时，应尽量按照项目所在地规定比例计算。条件不具备时，可按职工工资的 8% 估算。

（五）工会经费和职工教育经费：工会经费，按企业职工实发工资总额扣除生活困难补助以后的工资提取，国家规定比例为 2%。

职工教育经费，专项用于企业职工后续职业教育和职业培训，根据国发〔2002〕16 号文件规定，列入成本的职工教育经费，一般按工资总额的 1.5% 提取，企业经济效益较好时最高可按职工工资总额的 2.5% 提取。

为简化计算，在项目前期进行成本估算时，工会经费和职工教育经费可按职工工资的 4.5% 合并估算。

（六）其他：包括非货币性福利、因解除与职工的劳动关系给予的补偿和其他与获得职工提供的服务相关的支出。可按职工工资的 1.5% 估算。

四、修理费

固定资产的维修主要是为了维护固定资产的正常运转和使用，充分发挥其使用效能而进行的维护和修理。固定资产的维修分为日常修理（维护保养、中小修）和大修理，日常修理费用所涉及的人工、材料等直接计入当期成本，大修理费用采用预提或待摊方式计入有关成本费用。

修理费是指按应计大修理费的固定资产总值和预计（或待摊）的标准计提的固定资产的大修理费。煤炭专用和通用（机械、动力、运输、工器具等）设备的日常修理费，建、构筑物（包括井巷工程、露天剥离工程形成的矿山建筑）的修理费均已按照费用要素分解计算在材料、燃料及动力、职工薪酬等费用要素中。

$$修理费 = 设备固定资产原值 \times 修理费率$$

式中，设备固定资产原值，包括设备及工器具购置费、安装费，还包括预备费、工程建设其他费用（扣除无形资产、其他资产）、建设期利息分摊共同形成资产的原值。经营租赁设备的租赁费已包括折旧、大修和管理费，故计提修理费的固定资产原值应将该部分固定资产原值扣除。

修理费率的取定：

（一）矿井：综采综掘设备为 5%，其他设备为 2.5%。

（二）露天矿：采剥设备为 2.5%；运输设备为 4.0%，其他设备为 2.5%。

（三）选煤厂：全部设备均为 2.5%。

修理费率在项目生产期内一般采用固定费率。根据项目特点需要调整修理费率时，一般可按项目投入生产前期取较低值、生产后期取较高值考虑。

修理费除按照修理费率估算外，还可参照与项目类似的生产企业成本费用中的实际修理费水平予以估算。

五、地面塌陷赔偿费

指煤矿生产而引起土地的塌陷所应支付的费用（包括青苗赔偿费）和一次五十户以下的民房拆迁赔偿费用。具体估算为：

（一）房屋拆迁赔偿费：按国务院规定，一次50户以下的民房拆迁赔偿费用进入生产成本。赔偿费标准按当地政府规定的费用标准计取。

（二）塌陷土地赔偿费：按塌陷面积计算赔偿费用，赔偿费用标准可根据塌陷后土地复用程度与当地政府协商定价。

当不具备上述条件时，地面塌陷赔偿费可参考邻近矿区或矿井调查资料估算。

六、折旧费

煤炭生产经营企业的固定资产可以长期参加生产经营而保持其原有的实物形态，其价值随着固定资产的使用而逐渐转移到生产的产品中，构成了企业的费用。折旧费以生产用和非生产用应计折旧的固定资产原值为基数，按规定的分类折旧率计提。

固定资产是指为生产商品、提供劳务、出租或经营管理而持有的，使用寿命超过一个会计年度的有形资产。

固定资产原值，系为建造某项固定资产，使其达到预定使用状态前所发生的一切合理的必要支出。包括直接的，如固定资产的价款、运杂费、包装费和安装成本等，也包括间接的，如应承担的借款利息、分摊的其他间接费用。

企业在用的固定资产一般均计提折旧，具体包括：房屋和建筑物；在用的机器设备、仪器仪表、运输工具、工具器具；季节性停用、大修理停用的设备；以及融资租赁租入和经营租赁租出的固定资产。

不计提折旧的固定资产包括：房屋建筑物以外的未使用、不需用固定资产；以经营租赁方式租入的固定资产；已提足折旧继续使用的固定资产；未提足折旧但提前报废的固定资产；按规定提取维简费（含井巷费用）的固定资产，如矿井井巷和露天矿剥离形成的资产；破产、关停企业的固定资产；以及根据《企业所得税法》第十一条规定，单独估价作为固定资产入账的土地等。

根据需要，可以选择年限平均法、工作量法、年数总和法、双倍余额递减法等方法计提固定资产折旧。当无明确要求时，折旧费估算一般采用年限平均法。

$$年折旧率 = （1 - 净残值率）/ 折旧年限 \times 100\%$$

$$年折旧额 = \Sigma（分类固定资产原值 \times 分类年折旧率）$$

其中，固定资产原值系指项目投产时建设投资直接形成的固定资产和工程建设其他费用中属于固定资产其他费用的各项形成的固定资产。工程建设其他费用中属于固定资产其他费用的各项，主要包括：通过非土地使用权出让方式取得土地的建设用地费、建设管理费、可行性研究费、研究试验费、勘察设计费、环境影响评价费、劳动安全卫生评价费、安全生产评价费、水土保持评价费、项目申请报告费、井筒地质检查钻探费、矿井井位确定费、场地准备及临时设施费、联合试运转费、引进技术和引进设备其他费、施工机构迁移费、维修费、工程保险费、特殊设备安全监督检验费和市政公用设施建设及绿化费等。

计算固定资产原值时，固定资产其他费用、全部建设期利息按比例分摊计入各类固定资产；预备费（包括工程预备费和工程造价调整预备费）按比例全部分摊计入固定资产原值、无形资产原值和其他资产原值。分摊计入固定资产的部分同样根据其计算基础按比例分摊计入矿建、土建、各类设备等固定资产原值。更新后的固定资产原值不再计入建设期利息，但要按更新后的固定资产原值计提折旧费。

建设投资中的设备购置费包括购进设备时发生的进项税，该税款不形成固定资产原值。

固定资产净残值率系固定资产残值减去清理费后的余额与原值之比，一般为3% ~ 5%。折旧费估算时一般可简化计算，不考虑净残值。

折旧年限依据《工业企业固定资产折旧条例》确定，折旧费估算时可按如下考虑：

地面建筑及构筑物按40年；矿井的综采综掘设备按8年，一般采掘设备按10年；露天矿的主要穿、采、排设备按7 ~ 15年，运输设备按8 ~ 12年；矿井及露天矿的其他设备和选煤厂设备按15年。

七、维简费

系煤矿维简费的简称，指煤矿维持简单再生产费用，含井巷工程费，是煤炭成本构成的一个独立的费用要素。

维简费主要用于煤矿生产正常接续的开拓延深、技术改造等，以确保矿井持续稳定和安全生产，提高效率。维简费提取和使用，应坚持先提后用，量入为出的原则，专款专用，专项核算。根据财建（2004）119号文件规定，维简费（含井巷工程费2.5元/吨）提取标准如下：

（一）河北、山西、山东、安徽、江苏、河南、宁夏、新疆、云南等省（区）煤矿，吨煤8.50元。

（二）黑龙江、吉林、辽宁等省煤矿，吨煤8.70元。

（三）内蒙古自治区煤矿，吨煤9.50元。

（四）其他省（区、市）煤矿，吨煤10.50元。

当各省（自治区、直辖市）、大型煤炭企业集团根据国家规定制定有具体标准时，维简费应按照各省（自治区、直辖市）、大型煤炭企业集团制定的具体提取标准执行。

维简费具体使用范围是：

（一）矿井（露天）开拓延深工程。

（二）矿井（露天）技术改造。

（三）煤矿固定资产更新、改造和固定资产零星购置。

（四）矿区生产补充勘探。

（五）综合利用和“三废”治理支出。

（六）大型煤矿一次拆迁民房50户以上费用和中、小煤矿采动范围搬迁赔偿。

（七）矿井新技术的推广。

（八）小型矿井的改造联合工程。

井巷工程费属于折旧性质的费用，用于矿井开拓延深。根据现行财务制度规定，井巷工程和剥离工程形成的固定资产不计提折旧费。

成本估算时应将井巷工程费单独列项。

八、安全费用

系煤炭生产安全费用的简称，指企业按原煤实际产量从成本中提取，专门用于煤矿安全生产设施投入的资金。根据财建〔2005〕168 号文件规定，提取标准为：

（一）大中型煤矿：

1．高瓦斯、煤与瓦斯突出、自然发火严重和涌水量大的矿井吨煤不低于 8 元，其中：45 户重点监控煤炭生产企业吨煤不低于 15 元（45 户重点监控煤炭生产企业名单见表 3）。

表 3　45 户重点监控煤炭企业名单

序号	企业名称	序号	企业名称
	河北省		河南省
1	开滦（集团）有限责任公司	24	平顶山煤业（集团）有限责任公司
2	峰峰（集团）有限责任公司	25	郑州煤电（集团）有限责任公司
	山西省	26	焦作煤业（集团）有限责任公司
3	山西焦煤集团有限责任公司	27	义马煤业（集团）有限责任公司
4	大同煤矿集团有限责任公司	28	鹤壁煤业（集团）有限责任公司
5	晋城无烟煤矿业集团有限责任公司		湖南省
6	阳泉煤业（集团）有限责任公司	29	资兴矿业集团有限责任公司
	内蒙古自治区	30	白沙煤电集团有限责任公司
7	神华包头矿业有限责任公司	31	涟邵矿业集团有限责任公司
8	神华乌达矿业有限责任公司		重庆市
9	平庄煤业（集团）有限责任公司	32	天府矿业有限责任公司
	辽宁省	33	松藻煤电有限责任公司
10	抚顺矿业（集团）有限责任公司	34	南桐矿务局
11	阜新矿业（集团）公司		四川省
12	沈阳煤业（集团）公司	35	攀枝花煤业（集团）有限责任公司
	吉林省	36	达竹煤电（集团）有限责任公司
13	辽源矿务局	37	广旺能源发展（集团）有限责任公司
14	通化矿务局	38	芙蓉集团实业有限责任公司
	黑龙江省	39	华莹山广能（集团）有限责任公司
15	鸡西矿业（集团）有限责任公司		贵州省
16	鹤岗矿业（集团）有限责任公司	40	盘江煤电（集团）有限责任公司
17	七台河矿业精煤（集团）公司	41	水城矿业（集团）有限责任公司
18	双鸭山矿业（集团）有限责任公司		陕西省
	江苏省	42	铜川矿务局
19	徐州矿务集团公司	43	韩城矿务局
	安徽省		甘肃省
20	淮北矿业（集团）有限责任公司	44	窑街煤电有限责任公司
21	淮南矿业（集团）有限责任公司		宁夏回族自治区
	江西省	45	宁夏煤业集团有限责任公司
22	丰城矿务局		
23	乐平矿务局		

2. 低瓦斯矿井吨煤不低于5元。

3. 露天矿吨煤不低于3元。

（二）小型煤矿：

1. 高瓦斯矿井、煤与瓦斯突出、自然发火严重和涌水量大的矿井吨煤不低于10元。

2. 低瓦斯矿井吨煤不低于6元。

当各省（自治区、直辖市）、大型煤炭企业集团根据国家规定制定有具体标准时，安全费用应按照各省（自治区、直辖市）、大型煤炭企业集团制定的具体提取标准执行。

根据财建（2004）119号文件规定，安全费用由企业自行安排使用，专户存储，专款专用，年度结余资金允许结转下年度使用。其具体使用范围是：

（1）矿井主要通风设备的更新改造支出。

（2）完善和改造矿井瓦斯监测系统与抽放系统支出。

（3）完善和改造矿井综合防治煤与瓦斯突出支出。

（4）完善和改造矿井防灭火支出。

（5）完善和改造矿井防治水支出。

（6）完善和改造矿井机电设备的安全防护设备设施支出。

（7）完善和改造矿井供配电系统的安全防护设备设施支出。

（8）完善和改造矿井运输（提升）系统的安全防护设备设施支出。

（9）完善和改造矿井综合防尘系统支出。

（10）其他与煤矿安全生产直接相关的支出。

九、摊销费

指无形资产、其他资产的摊销费。项目建成投入运营时，建设投资（包括固定资产投资方向调节税、建设期借款利息），除形成固定资产部分和不形成资产的设备增值税（进项税）外，其余形成无形资产和其他资产。

无形资产是指企业拥有或者控制的没有实物形态的可辨认非货币性资产。无形资产费用系指直接形成无形资产的建设投资，主要是专利权、非专利技术、商标权、土地使用权和商誉、探矿权价款（转让费）、采矿权价款（转让费）等无形资产。无形资产从开始使用之日起，在有效使用期限内平均摊入成本。除土地使用权、探矿权价款（转让费）和采矿权价款（转让费）外的其他无形资产的摊销年限按10年计算。

根据《财政部关于印发企业和地质勘查单位探矿权采矿权会计处理规定的通知》（财政部财会字〔1999〕40号）规定，企业通过交纳采矿权价款取得的由国家出资形成的采矿权，按规定应交纳的采矿权价款，应作为无形资产核算，并在采矿权受益期内分期平均摊销。成本估算时，应首先确定采矿权受益期，然后以确定的受益期为摊销年限计算采矿权价款摊销费。

探形权价款（转让费）和采矿权转让费摊销比照采矿权价款考虑。

对于土地使用权的特殊处理：按照有关规定，在尚未开发或建造自用项目前，土地使用权做为无形资产核算，企业建造自用项目时将其账面价值转入在建工程成本。因此，成本估算时，土地使用权不计入无形资产核算，而直接计入固定资产其他费用中参与折旧计算。

其他资产，是指除流动资产、长期投资、固定资产、无形资产以外的其他资产，如长期待摊费用。按照有关规定，除购置和建造固定资产以外，所有筹建期间发生的费用，先在长期待摊费用中归集，待企业开始生产经营起计入当期损益。

成本估算中，生产准备及开办费等其他资产按5年摊销计算。

十、利息支出

一般仅包括生产期间发生长期借款利息、流动资金借款利息和临时性的短期借款利息。财务费用中的汇兑净损失、调剂外汇手续费、金融机构手续费等，在其他支出中考虑。

成本费用估算时，利息支出按建设项目建成后的各种负债（借款）余额与借款年利率计算。

（一）长期借款利息，指建设期间借款余额（含未支付的建设期利息）应在生产期支付的利息。

长期借款利息 = 年初长期借款余额 × 借款名义年利率

（二）流动资金借款利息，指按“期末偿还，期初再借”的方式借入的流动资金的利息，按一年期利率计息。

流动资金借款利息 = 年初流动资金借款余额 × 借款名义年利率

（三）短期借款利息，指生产经营期间由于资金临时需要而发生借款，并按一年期利率计算的利息。

短期借款利息 = 年初短期借款余额 × 借款名义年利率

如无特定要求，流动资金借款一般按当年流动资金占用量的70%计算，借款年利率一般按中国人民银行最新公布的贷款基准利率执行。

采矿权人因分期缴纳矿业权价款而在生产运营期间发生的资金占用费，计入利息支出。

十一、其他支出

指从制造费用和管理、销售、财务费用中扣除各单独列项费用要素后的各种费用。主要包括矿产资源补偿费、采矿权使用费和其他费用等。

（一）矿产资源补偿费。根据《矿产资源补偿费征收管理规定》（国务院令第150号），在中华人民共和国领域和其他管辖海域开采矿产资源，应当按规定缴纳矿产资源补偿费。

矿产资源补偿费按照矿产品销售收入的一定比例计征，计算公式如下：

征收矿产资源补偿费金额 = 矿产品销售收入 × 补偿费费率 × 开采回采率系数

开采回采率系数 = 核定开采率 ÷ 实际开采回采率

煤炭资源补偿费费率为1%，开采回采率系数可按1考虑。

（二）采矿权使用费。按财政部、国土资源部财综字〔1997〕74号文件规定，采矿权使用费按矿区范围面积逐年缴纳，标准为每平方公里每年1000元。

（三）其他费用。其他费用包括：咨询及审计费、诉讼费、排污费、办公费、水费、取暖费、技术开发费、出国人员经费、运输费、仓库经费、坏账损失、消防费、税金、绿化费、班中餐、上级管理费、汇兑净损失、调剂外汇手续费、金融机构手续费和筹资发生的其他财务费用，以及其他有关费用。

其他费用可按照邻近类似矿井的实际费用支出情况估算。

第九条 经营成本是建设项目经济评价中使用的特定概念，作为项目生产期的主要现金流出，其构成和估算可按下式表达：

$$经营成本 = 材料费 + 燃料及动力费 + 职工薪酬 + 修理费 + 地面塌陷赔偿费 + 其他支出$$

第十条 盈亏平衡分析时，需要估算建设项目投入生产后的固定成本与可变成本。固定成本与可变成本是按总成本中各项费用与产品产量（或销售量）的关系划分的。

凡是在一定时间和范围内，费用总额不随产品产量变化的各项费用称为固定成本，如按时间计算费用的税金、保险费、折旧费等。固定成本总额经常近似保持为常数，但其在单位产量成本中的指标则是可变的，产量变大，单位产量分摊的固定成本少；产量变小，则单位产量分摊的固定成本多。因此，在一定条件下，增加产量可以降低单位产量的固定成本，从而降低生产成本，提高经济效益。

凡是在一定时间和范围内，随产品产量增减而成正比例变化的费用称为可变成本，如各种材料、燃料及动力费用、按产量提取的井巷工程费、维简费、安全费用等。可变成本总额是经常变动的，但其在单位产量中的成本则往往是近似不变的。

还有一部分费用可能部分与产品产量相关，而另一部分与产品产量无关，可视为半可变（或半固定）成本。盈亏平衡分析时，一般将其按比例转化为固定和变动成本。这样可将年总成本费用分为固定成本和可变成本两部分，则总成本 C 可表示为：

$$C = F + VX$$

式中 F——固定费用；

V——单位产量可变费用；

X——产量。

根据统计资料分析得出的矿井、露天矿和选煤厂固定成本与可变成本参考比例见表4、表5和表6。

表4 矿井固定成本与可变成本参考比例表

序号	项目名称	固定与可变成本比例	
		固定成本（%）	可变成本（%）
1	材料费	57	43
2	燃料及动力费	67	33
3	职工薪酬	55	45
4	修理费	100	
5	地面塌陷赔偿费		100
6	其他支出	60	40
7	维简费		100
8	井巷工程费		100
9	安全费用		100
10	折旧费	100	
11	摊销费	100	
12	利息支出		
(1)	长期借款利息	100	
(2)	流动资金借款利息	30	70
(3)	其他短期借款利息	30	70

表5　露天矿固定成本与可变成本参考比例表

序号	项目名称	固定与可变成本比例	
		固定成本（%）	可变成本（%）
1	材料费	57	43
2	燃料及动力费	67	33
3	职工薪酬	55	45
4	修理费	100	
5	地面塌陷赔偿费		100
6	其他支出	60	40
7	维简费		100
8	井巷工程费		100
9	安全费用		100
10	折旧费	100	
11	摊销费	100	
12	利息支出		
(1)	长期借款利息	100	
(2)	流动资金借款利息	30	70
(3)	其他短期借款利息	30	70

表6　选煤厂固定成本与可变成本参考比例表

序号	项目名称	固定与可变成本比例	
		固定成本（%）	可变成本（%）
1	材料费		
(1)	主要材料（原料煤）	10	90
(2)	辅助材料	30	70
2	电力费	60	40
3	职工薪酬	55	45
4	修理费	100	
5	其他支出	100	
6	折旧费	100	
7	摊销费	100	
8	利息支出		
(1)	长期借款利息	100	
(2)	流动资金借款利息	30	70
(3)	其他短期借款利息	30	70

第十一条 在矿井或露天矿达产前几年，一方面由于生产初期工人操作不熟练，管理人员业务没有步入正轨等原因，而使单位可变成本提高；另一方面生产初期（达产前）有些固定费用尚未发生，而使固定总成本降低。因此，计算达产前年度经营成本时，应以达产年经营成本为基础进行系数调整，使达产前年度经营成本计算更加准确。

$$\text{达产前某年经营成本}=\left(\text{达产年固定经营成本}-\text{达产年职工薪酬固定成本部分}\right)\times\text{调整系数}+\left(\text{达产年单位产品可变经营成本}-\text{达产年单位产品职工薪酬可变成本部分}-\text{达产年单位产品地面塌陷赔偿费}\right)\times\text{达产前某年产量}\times\text{不熟练系数}+\text{达产前某年职工薪酬}+\text{达产前某年地面塌陷赔偿费}$$

调整系数的取定原则为：当产量不足设计生产能力 50% 时，按 0.5 计算；产量为设计生产能力 50% ~75% 时，按 0.75 计算；产量为设计生产能力的 75% 以上时，按 1.0 计算。

不熟练系数的取定原则为：投产第一年为 1.2；投产第二年为 1.1；投产第三年及以后为 1.0。

达产前某年职工薪酬按照劳动定员与薪酬标准计算，达产前某年地面塌陷赔偿费按照当年产量和费用标准计算。

第十二条 煤炭建设项目达到设计生产能力后，由于采区接续、开拓延深等原因，导致煤炭提升高度加大，运输距离加长，使煤炭生产中运输、供电、矿坑维修、地面塌陷赔偿费和复耕费等费用逐渐加大，形成煤炭生产成本的增加趋势。由于技术进步和管理水平的提高，煤炭生产成本也会发生降低的趋势。因此，在成本估算过程中，除考虑煤矿开采条件恶化需增加成本费用的因素，还要考虑由于技术进步和管理水平提高导致成本降低的因素。

露天矿成本费用估算应考虑生产期内生产剥采比、运距、设备选型、工艺条件等改变对成本水平的影响，相关变化应在成本估算中充分体现。

第十三条 相对矿井而言，露天矿单位生产能力投资水平较高，因此利用社会力量完成生产期间的采、剥作业，能降低露天矿初期建设投资中的采剥、运输设备投资。因此，露天矿成本估算中，采、剥外包费用是重要的费用内容。

露天矿采、剥外包费用单价，可参考项目所在地市场行情，并考虑影响采、剥单价的相关因素确定，归入其他费用项下。

第十四条 为减少煤矿企业办社会支出，减少劳动定员，降低项目建设投资，新建矿、厂一般均考虑专业化协作、依托社会、委托管理、专业工程部分外包的情形。在成本估算中，其他费用中应考虑这些外委服务费用。一般可根据矿、厂辅助生产、辅助生活所需人员与设计劳动定员之差，补足工资及相关费用。

第十五条 矿区项目和集团项目的成本估算应为该矿区内矿井、露天矿、选煤厂、自备电厂、焦化厂、矿区自营铁路及其他辅助、附属企业等建设项目的成本费用之和，应注意项目内部之间相互提供的产品或服务不计为项目的成本费用。矿井（露天矿）、选煤厂以外的非煤项目成本估算按照相应行业的有关规定执行。

第十六条 当露天矿按照生产过程法估算成本费用时，应按各生产过程成本中的费用要素组成汇总，转换成以费用要素表现的成本费用。

第十七条 计算进项税时，可作为允许扣除项目的有：材料费、燃料及动力费和修理费。

第十八条 选煤厂产品成本分为分离前成本和分离后成本。分离前成本是按成本项目归集的费用总额，以全部处理量为核算对象计算的单位成本；分离后成本是采用销售价格比例系数法计算的选煤等级品成本。等级品的价格比例统一以最高等级品（或最高价格产品）的价格为“1”，其他等级品按售价比例系数折合成相当于最高价等级品的产品，并按各等级品折合总量分配分离前的总成本，计算各等级品的单位成本。计算步骤如下：

一、计算各等级品的比率

各等级品的比率 = 各等级品的单价/最高等级品的单价

二、计算各等级品的折合量

各等级品的折合量 = 各等级品的实际产量 × 各等级品的比率

三、计算折合量单位成本

折合量单位成本 = 分离前总成本/等级品折合量合计

四、计算各等级品总成本

等级品总成本 = 各等级品折合量 × 折合量单位成本

五、计算各等级品单位成本

各等级品单位成本 = 各等级品总成本/各该等级品实际产量

第十九条 国家今后政策新规定的、或各省（自治区、直辖市）自行制定的其他允许在成本中列支的其他成本科目，按国家或各省（自治区、直辖市）有关规定执行。

增加相关成本科目后，应注意考虑按其使用范围或用途在经济评价相关分析报表中增加费用（流出）科目。

第二十条 成本费用估算可参考表7、表8和表9，使用时可根据项目具体情况对成本科目进行增减。

表7　矿井原煤单位材料费估算表

序号	项目名称	单位	数量	单价（元）	金额（元）	备注
一	主要材料	元				1+2+…+6
1	木材	m^3				
2	支护用品					（1）+（2）+…+（9）
（1）	单体液压支柱	根				
（2）	金属支架	根				
（3）	金属支柱	根				
（4）	铰接顶梁	根				

续表 7

序号	项目名称	单位	数量	单价（元）	金额（元）	备　注
(5)	水泥支架	根				
(6)	锚杆	根				
(7)	金属网	m^2				
(8)	笆片	片				
(9)	其他	元				（1）＋（2）＋…＋（8）×5%～9%
3	火工用品					（1）＋（2）＋（3）
(1)	炸药	kg				
(2)	雷管	发				
(3)	其他火工用品	元				（1）＋（2）×10%
4	大型材料					（1）＋（2）＋…＋（5）
(1)	钢铁管	kg				
(2)	钢丝绳	kg				
(3)	钢轨	kg				
(4)	电缆	m				
(5)	运输皮带	m				
5	自用煤	t				
6	配件、专用工具及劳保用品	元				1～5×30%～50%
二	辅助材料					主要材料×辅材系数
	材料费合计					

注：露天矿、选煤厂可参考表式，调整材料种类。

表 8　矿井（露天矿）单位成本费用估算表

序号	费用要素	金额（元）		备　注
		达产年	偿清长期借款年	
1	经营成本			
1.1	材料费			
1.2	燃料及动力费			
1.3	职工薪酬			
1.4	修理费			
1.5	地面塌陷赔偿费			

续表 8

序号	费用要素	金额（元）		备注
		达产年	偿清长期借款年	
1.6	其他支出			
2	折旧费			
3	维简费			
4	井巷工程费			
5	安全费用			
6	摊销费			
7	利息支出			
7.1	长期借款利息			
7.2	流动资金借款利息			
7.3	其他短期借款利息			
8	总成本费用			

表 9　选煤厂单位成本费用估算表

序号	费用要素	金额（元）		备注
		达产年	偿清长期借款年	
1	经营成本			
1.1	材料费			
1.2	电力费			
1.3	职工薪酬			
1.4	修理费			
1.5	其他支出			
2	折旧费			
3	摊销费			
4	利息支出			
4.1	长期借款利息			
4.2	流动资金借款利息			
4.3	其他短期借款利息			
5	总成本费用			

附件三：

煤炭质量比价系数

一、比价系数的应用

（一）冶炼用洗精煤和一般用户。供冶炼用的洗精煤和一般用户的质量比价系数按其煤种、品种、灰分、水分、硫分、块煤限下率的质量比价率计算。

计算式为：

$$K_1 = K_{a1}K_{m1}K_{p1}K_{w1}K_{s1}K_{x1}$$

$$K_0 = K_{a0}K_{m0}K_{p0}K_{w0}K_{s0}K_{x0}$$

式中　K_{a1}、K_{a0}——拟建项目、所选参照煤价煤炭产品灰分比价；

K_{m1}、K_{m0}——拟建项目、所选参照煤价煤炭产品煤种比价；

K_{p1}、K_{p0}——拟建项目、所选参照煤价煤炭产品品种比价；

K_{w1}、K_{w0}——拟建项目、所选参照煤价煤炭产品水分比价；

K_{s1}、K_{s0}——拟建项目、所选参照煤价煤炭产品硫分比价；

K_{x1}、K_{x0}——拟建项目、所选参照煤价煤炭产品块煤限下率比价。

（二）电煤。电煤实行发热量计价时，质量比价系数按其发热量、品种、灰分、挥发分、硫分、块煤限下率的质量比价率计算。

计算式为：

$$K_1 = K_{r1}K_{p1}K_{a1}K_{v1}K_{s1}K_{x1}$$

$$K_0 = K_{r0}K_{p0}K_{a0}K_{v0}K_{s0}K_{x0}$$

式中　K_{r1}、K_{r0}——拟建项目、所选参照煤价煤炭产品发热量比价；

K_{v1}、K_{v0}——拟建项目、所选参照煤价煤炭产品可燃基挥发分比价；

K_{a1}、K_{a0}——拟建项目、所选参照煤价煤炭产品应用基灰分系数；

其余同上式。

二、煤炭产品比价

（一）按灰分计价的比价率。

1. 煤种分群及其比价率。煤种分群及其比价率见表1。

表1　煤种分群及其比价表

群别	煤种	比价（%）	备　注
第一群	焦煤、肥煤	125	焦、肥、1/3 焦煤，气煤中的中煤，煤泥及灰分大于 10% 的各品种煤比价均按 100% 计算。其余各煤种中的中煤、煤泥及灰分大于 40% 的各品种煤均按该煤种的比价率计算
第二群	肥煤	120	
第三群	1/3 焦煤	118	
第四群	气肥煤	115	
第五群	气煤	104	
	长焰煤、1/2 中黏煤、弱黏结煤、不黏结煤、瘦煤、无烟煤	100	
第六群	贫瘦煤	98	
第七群	贫煤	95	
第八群	褐煤	83	

2. 煤炭品种及其比价率。煤炭品种及其比价率见表2。

表2　煤炭品种及其比价表

品种名称	比价（%）	品种名称	比价（%）
精煤（灰分≤12.5%）	177.8	洗粉煤	107
精煤（灰分>12.6%）	152	水采煤泥、煤泥	60
洗中块	150	中煤	60
洗混中块	143	中块	140
洗大块	139	混中块	137
洗混块	139	特大块、大块	129
洗特大块	132	混块	134
洗小块	136	小块	130
洗粒煤	132	粒煤	125
洗原煤	108	混煤	105
洗混煤	107	粉煤	103
洗末煤	109	末煤	103

3. 灰分间隔及其对价格的比值。

（1）灰分间隔：各个煤炭品种都以一定灰分范围作为一个等级。

冶炼用炼焦精煤灰分范围在5.01%～12.5%，灰分间隔0.5%为一个等级，共分为15个等级。见表3。

表3　冶炼用炼焦精煤比价表

等级	灰分范围（%）	比价（%）	等级	灰分范围（%）	比价（%）
1	5.01～5.50	135.00	9	9.01～9.50	107.00
2	5.51～6.00	131.50	10	9.51～10.00	103.50
3	6.01～6.50	128.00	11	10.01～10.50	100.00
4	6.51～7.00	124.50	12	10.51～11.00	96.50
5	7.01～7.50	121.00	13	11.01～11.50	93.00
6	7.51～8.00	117.50	14	11.51～12.00	89.50
7	8.01～8.50	114.00	15	12.01～12.50	86.00
8	8.51～9.00	110.50			

其他用炼焦精煤灰分范围在12.51% ~16.0%，灰分间隔0.5%为一个等级，共分为7个等级。见表4。

表4　其他用炼焦精煤比价表

等级	灰分范围（%）	比价（%）	等级	灰分范围（%）	比价（%）
1	12.51 ~ 13.00	92.50	5	14.51 ~ 15.00	86.50
2	13.01 ~ 13.50	91.00	6	15.01 ~ 15.50	85.00
3	13.51 ~ 14.00	89.50	7	15.51 ~ 16.00	83.50
4	14.01 ~ 14.50	88.00			

其他品种煤灰分范围在4.01% ~40%，灰分间隔1%为一个等级，灰分范围在40.01% ~49%，灰分间隔3%为一个等级，共分为39个等级。见表5。

表5　其他品种煤（原煤）比价表

等级	灰分范围（%）	比价（%）	等级	灰分范围（%）	比价（%）
1	4.01 ~ 5.00	157.00	21	24.01 ~ 25.00	97.60
2	5.01 ~ 6.00	154.00	22	25.01 ~ 26.00	95.20
3	6.01 ~ 7.00	151.00	23	26.01 ~ 27.00	92.80
4	7.01 ~ 8.00	148.00	24	27.01 ~ 28.00	90.40
5	8.01 ~ 9.00	145.00	25	28.01 ~ 29.00	88.00
6	9.01 ~ 10.00	142.00	26	29.01 ~ 30.00	85.60
7	10.01 ~ 11.00	139.00	27	30.01 ~ 31.00	83.20
8	11.01 ~ 12.00	136.00	28	31.01 ~ 32.00	80.80
9	12.01 ~ 13.00	133.00	29	32.01 ~ 33.00	78.40
10	13.01 ~ 14.00	130.00	30	33.01 ~ 34.00	76.00
11	14.01 ~ 15.00	127.00	31	34.01 ~ 35.00	73.60
12	15.01 ~ 16.00	124.00	32	35.01 ~ 36.00	71.20
13	16.01 ~ 17.00	120.00	33	36.01 ~ 37.00	68.80
14	17.01 ~ 18.00	118.00	34	37.01 ~ 38.00	66.40
15	18.01 ~ 19.00	115.00	35	38.01 ~ 39.00	64.00
16	19.01 ~ 20.00	112.00	36	39.01 ~ 40.00	61.60
17	20.01 ~ 21.00	109.00	37	40.01 ~ 43.00	54.40
18	21.01 ~ 22.00	106.00	38	43.01 ~ 46.00	47.20
19	22.01 ~ 23.00	103.00	39	46.01 ~ 49.00	40.00
20	23.01 ~ 24.00	100.00			

（2）灰分与价格的比值：冶炼用炼焦精煤的灰分与价格的比值为1∶7，其他用炼焦精煤的灰分与价格的比值为1∶3。

其他品种煤灰分在24%及其以下的各等级，灰分与价格的比值为1∶3，灰分大于24%的各等级，灰分与价格的比值为1∶2.4。

4．水分及其对价格的比值。水分按照各煤种和各品种煤含水量的不同，分为四类，比值为1∶1，计算精煤价格时，以精煤计量水分为标准。

（1）长焰煤、弱黏结煤、不黏结煤、气煤、1/3焦煤、气肥煤、1/2中黏煤煤种的原、混、粉、末，各种粒度的块煤以及各群（褐煤除外）的洗原煤、水采原煤、洗粉煤、水采粉煤、洗混煤、洗末煤和各粒度的洗块、中煤的水分及比价见表6。

表6　长焰煤等品种水分及比价表

水分（%）	2.01～3	3.01～4	4.01～5	5.01～8	8.01～9
比价（%）	103	102	101	100	99
水分（%）	9.01～10	10.01～11	11.01～12	12.01～13	13.01～14
比价（%）	98	97	96	95	94
水分（%）	14.01～15	15.01～16	16.01～17	17.01～18	18.01～19
比价（%）	93	92	91	90	89
水分（%）	19.01～20	20.01～21	21.01～22	22.01～23	余类推
比价（%）	88	87	86	85	余类推

（2）焦、肥、瘦、贫、无烟煤、贫瘦煤煤种的原、混、粉、末和各粒度块煤的水分及比价见表7。

表7　焦、肥、瘦、贫、无烟煤、贫瘦煤水分及比价表

水分（%）	1.01～2	2.01～3	3.01～4	4.01～5	5.01～6
比价（%）	103	102	101	100	99
水分（%）	6.01～7	7.01～8	8.01～9	9.01～10	10.01～11
比价（%）	98	97	96	95	94
水分（%）	11.01～12	12.01～13	13.01～14	14.01～15	15.01～16
比价（%）	93	92	91	90	89
水分（%）	16.01～17	17.01～18	18.01～19	19.01～20	余类推
比价（%）	88	87	86	85	余类推

（3）褐煤煤种的原、混、粉、末、块煤和洗煤以及各群的煤泥、水采煤泥的水分及比价见表8。

表 8　褐煤水分及比价表

水分（%）	14.01 ~ 15	15.01 ~ 16	16.01 ~ 17	17.01 ~ 18	18.01 ~ 19
比价（%）	106	105	104	103	102
水分（%）	19.01 ~ 20	20.01 ~ 23	23.01 ~ 24	24.01 ~ 25	25.01 ~ 26
比价（%）	101	100	99	98	97
水分（%）	26.01 ~ 27	27.01 ~ 28	28.01 ~ 29	29.01 ~ 30	30.01 ~ 31
比价（%）	96	95	94	93	92
水分（%）	31.01 ~ 32	32.01 ~ 33	33.01 ~ 34	34.01 ~ 35	余类推
比价（%）	91	90	89	88	余类推

（4）精煤（按计量水分）的水分及比价见表 9。

表 9　精煤水分及比价表

水分（%）	3.01 ~ 4	4.01 ~ 5	5.01 ~ 6	6.01 ~ 7	7.01 ~ 8
比价（%）	107	106	105	104	103
水分（%）	8.01 ~ 9	9.01 ~ 10	10.01 ~ 12	12.01 ~ 13	13.01 ~ 14
比价（%）	102	101	100	99	98
水分（%）	14.01 ~ 15	15.01 ~ 16	16.01 ~ 17	17.01 ~ 18	余类推
比价（%）	97	96	95	94	余类推

5．硫分及其对价格的比值。精煤硫分共分为五个等级，间隔为 0.5%，比值为 1∶5。其他品种煤的硫分共分为四个等级，间隔 2%，比值为 1∶1.5。见表 10、表 11。

表 10　精煤硫分间隔范围及比值

间隔范围（%）	≤0.5	0.51 ~ 1.0	1.01 ~ 1.5	1.51 ~ 2.0	2.01 ~ 2.5
比价（%）	102.5	100	97.5	95	92.5

表 11　其他品种煤硫分间隔范围及比值

间隔范围（%）	≤3	3.01 ~ 5	5.01 ~ 7	>7
比价（%）	100	97	94	91

6．块煤限下率及对价格的比值。块煤限下率共分为七个等级，每个等级的间隔为 3%，比值为 1∶0.5。见表 12。

表 12　块煤限下率及其比价表

块煤限下率及间隔范围（%）	≤12	12.05～15	15.01～18	18.01～21
比 价（%）	103	101.5	100	98.5
块煤限下率及间隔范围（%）	21.05～24	24.01～27	27.01～30	
比 价（%）	97.0	95.5	94.0	

（二）按发热量计价的比价率。

1. 发热量比价。发热量从 9.51～29.5MJ/kg，每级间隔 0.5MJ/kg，共分 40 个等级（编号），以收到基低位发热量值在 20.51～21.0MJ/kg 的比价率为 100%，发热量每增加 0.5MJ/kg，其比价提高 1.2%，每降低 0.5MJ/kg，其比价下降 0.6%。见表 13。

表 13　发热量（Q_{DW}^{Y}）比价表

编号	Q_{DW}^{Y}（MJ/kg）	K_r（%）	编号	Q_{DW}^{Y}（MJ/kg）	K_r（%）
29.5	29.01～29.5	120.4	19.5	19.01～19.5	98.2
29	28.51～29.0	119.2	19	18.51～19.0	97.6
28.5	28.01～28.5	118	18.5	18.01～18.5	97
28	27.51～28.0	116.8	18	17.51～18.0	96.4
27.5	27.01～27.5	115.6	17.5	17.01～17.5	95.8
27	26.51～27.0	114.4	17	16.51～17.0	95.2
26.5	26.01～26.5	113.2	16.5	16.01～16.5	94.6
26	25.51～26.0	112	16	15.51～16.0	94
25.5	25.01～25.5	110.8	15.5	15.01～15.5	93.4
25	24.51～25.0	109.6	15	14.51～15.0	92.8
24.5	24.01～24.5	108.4	14.5	14.01～14.5	92.2
24	23.51～24.0	107.2	14	13.51～14.0	91.6
23.5	23.01～23.5	106	13.5	13.01～13.5	91
23	22.51～23.0	104.8	13	12.51～13.0	90.4
22.5	22.01～22.5	103.6	12.5	12.01～12.5	89.8
22	21.51～22.0	102.4	12	11.51～12.0	89.2
21.5	21.01～21.5	101.2	11.5	11.01～11.5	88.6
21	20.51～21.0	100	11	10.51～11.0	88
20.5	20.01～20.5	99.4	10.5	10.01～10.5	87.4
20	19.51～20.0	98.8	10	9.51～10.0	86.8

2. 挥发分比价。挥发分以浮煤（标定牌号的）干燥无灰基挥发分值为标准，挥发分从≤20% 到 >37% 及褐煤共分为 5 个等级。挥发分在 20.01% ~28% 的比价为 100%。见表 14。

表 14　挥发分比价表

干燥无灰基挥发分（%）	≤20	20.01 ~28	28.01 ~37	>37	褐煤挥发分
挥发分比价（%）	90	100	110	120	125

3. 煤炭品种比价。煤炭品种比价按灰分计价的各品种煤比价为准。见表 5。

4. 硫分比价。硫分划分为 8 个等级，全硫在 2% ~3% 的比价为 100%，硫分 >1% 的间隔 1%，比值为 1∶1.5；硫分≤1% 的间隔 0.5%，比值为 1∶3。见表 15。

表 15　硫分比价表

全硫分（%）	≤0.5	0.51 ~1	1.01 ~2	2.01 ~3	3.01 ~4	4.01 ~5	5.01 ~6	>6
硫分比价（%）	104.5	103.0	101.5	100.0	98.5	97.0	95.5	94.0

5. 块煤限下率比价。块煤限下率划分为 10 个等级，间隔 3%，以限下率 15.01% ~18.0% 的比价为 100%，比值为 1∶0.5。见表 16。

表 16　块煤限下率比价表

块煤限下率（%）	≤3	3.01 ~6	6.01 ~9	9.01 ~12	12.01 ~15
比价（%）	107.5	106.0	104.5	103.0	101.5
块煤限下率（%）	15.01 ~18	18.01 ~21	21.01 ~24	24.01 ~27	27.01 ~30
比价（%）	100.0	98.5	97.0	95.5	94.0

6. 灰分系数。以收到基灰分为计算基础，共分为 9 个等级，灰分小于 40% 的间隔为 5%，灰分不大于 5% 的灰分系数为 1；灰分 5.01% ~25%，灰分系数由 0.99 按 0.02 递减；灰分 25.01% ~40%，灰分系数由 0.93 按 0.01 递减；灰分大于 40%，其系数为 0.89。见表 17。

表 17　灰分系数表

应用基灰分（%）	≤5	5.01 ~10	10.01 ~15	15.01 ~20	20.01 ~25
灰分系数	1.00	0.99	0.97	0.95	0.93
应用基灰分（%）	25.01 ~30	30.01 ~35	35.01 ~40	>40	
灰分系数	0.92	0.91	0.90	0.89	

《煤炭建设项目经济评价方法》
条 文 说 明

1 总 则

1.0.1 制定《煤炭建设项目经济评价方法》的目的。

1. 经济评价工作是煤炭建设项目决策的重要依据，对于提高煤炭建设项目决策的科学化水平，引导和促进煤炭资源的合理、有序开发，减少和规避投资风险，发挥投资效益具有重要作用。

2. 本《煤炭建设项目经济评价方法》是为适应社会主义市场经济的发展，加强和规范煤炭建设项目经济评价工作，保证经济评价的质量，在总结我国煤炭建设项目经济评价工作经验的基础上，根据《国务院关于投资体制改革的决定》和《国家发展改革委、建设部关于印发建设项目经济评价方法与参数的通知》（发改投资〔2006〕1325号）的精神，对原煤炭工业部颁布的《煤炭工业建设项目经济评价方法与参数》（煤规字〔1996〕第501号）进行修订而成。

1.0.2 经济评价方法的适用范围。

本方法适用于各类煤炭建设项目的各个前期研究工作，包括规划、机会研究、项目建议书、预可行性研究、可行性研究阶段等，不同投资主体均可使用。

项目开始实施后的中间评价和项目实施完成后的后评价可以参照本方法进行。通过对实施过程的监督和实施完成后的考核，并与项目前期评价结论的对照，投资者可以发现问题、及时改进和总结经验教训。

1.0.3 煤炭建设项目的类型特点和评价特点。

按照煤炭建设项目的组成内容，项目类型可分为矿区项目、集团项目、矿井（或含选煤厂）、露天矿（或含选煤厂）、选煤厂等。

矿区项目由矿井（露天矿）、选煤厂、公用工程（包括矿区铁路、矿区公路、矿区供电与通信、矿区给水排水与供热、矿区环境保护及矿区行政指挥中心等）和为矿区服务的辅助企业等组成，以煤炭产品为主导产品或只有单一的煤炭产品，矿区项目中除矿井（露天矿）、选煤厂外的其他项目内容均是为煤炭生产和销售服务的。

集团项目由矿井（露天矿）、选煤厂、自营铁路和按照煤炭产业链延伸需要而建设的自备电厂、焦化厂、化工厂、建材厂等附属企业及为集团项目服务的辅助企业组成，煤炭产品主要作为项目的原料或燃料，不是项目的主导产品或唯一产品，项目最终产品由煤、电、焦炭、建筑材料、化工产品等组成。

煤炭建设项目经济评价对项目组成范围的界定，一般以独立核算的实体为项目费用与效益的估算范围，如某个矿井（露天矿）、选煤厂，或带有选煤厂的矿井（露天矿）。带有选煤厂的矿井（露天矿）和矿井型选煤厂一般不单独进行评价。矿区项目（或集团项目）经济评价需要对矿区项目（或集团项目）和煤炭项目分别进行，矿井（露天矿）、选煤厂之外的其他项目如有外销产品时，一般应予单独评价。

按项目与企业原有资产的关系，煤炭建设项目分为新建项目和改扩建项目。改扩建项目与新建项目的区别在于：改扩建项目是在原有企业基础上进行建设的，在不同程度上利用了原有企业的资源，以增量带动存量，以较小的新增投入取得较大的新增效益。建设期内项目建设与原有企业的生产同步进行。

按项目的融资主体，煤炭建设项目分为新设法人项目和既有法人项目。新设法人项目由新组建的项目法人融资，其特点是：项目投资由新设法人筹集的资本金和债务资金构成，由新设项目法人承担融资责任和风险，从项目投产后的财务效益情况考察偿债能力。既有法人项目依托现有法人进行融资，其特点是：拟建项目不组建新的项目法人，由既有法人统一组织融资活动并承担融资责任和风险，拟建项目一般是在既有法人资产和信用的基础上进行的，并形成增量资产，从既有法人的财务整体状况考察融资后的偿债能力。

1.0.4 经济评价的作用。

煤炭建设项目前期研究是在投资决策前，对项目建设的必要性和项目的资源条件、技术方案、外部建设条件、环境与社会等方面进行全面的分析论证和评价工作。经济评价是项目前期工作的重要内容和有机组成部分。

煤炭建设项目的开发，必须符合行业和地区发展规划的要求，符合国家固定资产投资宏观调控政策。经济评价是在完成项目技术方案的基础上，采用科学的分析方法，对拟建项目的财务可行性和经济合理性进行分析论证，作出全面、正确的经济评价结论，为投资者提供科学的决策依据。

1.0.5 经济评价的内容及侧重点。

煤炭建设项目经济评价包括财务评价（也称财务分析）和国民经济评价（也称经济分析）。项目类型、性质、目标和特点决定了评价方法、评价内容和评价参数的选择，评价人员应视项目具体情况，独立地作出选择。

煤炭建设项目在预可行性研究阶段，通常需要做盈利能力分析和不确定性分析，在可行性研究阶段，企业核准制和备案制项目通常需要进行财务分析和不确定性分析，政府补助项目通常以经济费用效益分析为主。

矿区规划一般需要进行简单的区域经济与宏观经济影响分析。

1.0.6 经济评价的深度。

项目前期研究各个阶段是对项目的内部、外部条件由浅入深、由粗到细的逐步细化过程，一般分为规划、机会研究、项目建议书、预可行性研究和可行性研究阶段。由于不同研究阶段的研究目的、内容深度和要求不同，因此，经济评价的内容深度和侧重点也有不同。

可行性研究阶段的经济评价，应按照本方法的内容要求，对项目的财务可行性进行详细、全面的分析论证，含有政府补助投资的项目，还需要进行经济费用效益分析。

项目建议书阶段的经济评价，应重点围绕项目立项建设的必要性和可能性进行，分析论证项目的经济条件和经济状况。采用的基础数据可相对粗略，评价深度可适当简化，评价指标可相对减少。

规划和机会研究是将项目意向变成简要的项目建议的过程，研究人员对项目赖以存在的内外部条件的认识还不深刻，不确定性较大，因此，可以用一些综合性的信息资料进行简单分析。

1.0.7 经济评价的原则。

1. 效益与费用计算口径对应统一的原则。将费用与效益限定在同一个范围内，才有可能进行比较，计算的净效益才是项目投入的真实回报。

2. “有无对比”原则。“有无对比”是指“有项目”相对于“无项目”的对比分析。“无项目”指不对该项目进行投资时，计算期内与项目有关的资产、费用与收益的预计发展情况；“有项目”指对该项目进行投资后，计算期内资产、费用与收益的预计情况。通过“有无对比”求出项目的增量效益，排除了项目实施前各种条件的影响，突出项目活动的效果。“有项目”与“无项目”两种情况下费用与效益的计算范围应保持一致，具有可比性。

3. 动态分析与静态分析相结合，以动态分析为主的原则。动态分析是指利用资金时间价值的原理对现金流量进行折现分析。静态分析是指不对现金流量进行折现分析。项目经济评价的核心是折现，所以评价要以折现（动态）指标为主。非折现（静态）指标与一般的财务和经济指标内涵基本相同，比较直观，但只能作为辅助评价指标。

4. 定量分析与定性分析相结合，以定量分析为主的原则。经济评价的本质就是要对拟建项目在整个计算期内的经济活动，通过费用与效益的计算，对项目经济效益进行分析和比较。一般来说，项目经济评价要求尽量采用定量指标，但对一些不能量化的经济因素，不能直接进行数量分析，对此要求进行定性分析，并与定量分析结合起来进行评价。

5. 全过程分析与阶段性分析相结合，以全过程分析为主的原则。经济评价的经济计算要考虑整个计算期，按照项目计算期的全过程进行分析。但对项目投产到达产阶段、偿还生产期借款阶段的阶段性指标可加以说明，以表现阶段性经济效果。对于分期投产的项目，可以按照不同的生产阶段进行分析。

6. 预测性分析与统计分析相结合，以预测性分析为主的原则。经济评价中费用与效益的计算基于统计基础上的预测，在对统计数据进行分析的基础上，预测项目的费用与效益，预测性分析是经济评价应遵循的原则。

1.0.8 经济评价的计算期。

计算期是经济评价中为项目进行动态分析所设定的期限，包括建设期和生产期。建设期是指项目资金正式投入开始到项目建成投产为止所需要的时间，根据项目实施计划确定。生产期分为投产期和达产期两个阶段。投产期是指项目投产后，生产能力尚未达到设计规模时的过渡时期。达产期是指项目生产能力达到设计规模以后的时期。

一般情况下，煤炭建设项目经济评价中的生产期以不超过20年为宜。矿区项目和集团项目的计算期不宜超过30年，若建设期超过15年，可按建设期加15年生产期计算。矿井或露天矿（或含配套选煤厂）计算期一般不超过25年，独立选煤厂及其他单独评价项目的计算期可按20年计算。

对于多水平或分区开拓的矿井，当先期开采水平或首采分区服务年限小于上述规定但大于或等于15年时，一般可按先期开采水平或首采分区服务年限加建设期确定计算期。这样处理后，可不需估算计算期内的矿井开拓延深费用，简化评价工作。

分期建设的项目，当二期（后期）工程与一期（初期）工程的间隔时间大于或等于10年时，一般可只对一期（前期）工程进行评价。必要时也可一、二期统一考虑进行评价，统一考虑时，可适当延长计算期。

对有特殊要求的项目，其计算期可按项目合理经济寿命周期（服务年限）或投资各方的合作期限确定。

1.0.9 经济评价的价格体系。

项目投入物与产出物的价格，是影响方案比选和经济评价结果最重要、最敏感的因素之一。项目评价是对未来时期经济活动的估计，投入和产出都在未来时期发生，所以要采用预测价格对费用与效益进行估算。

影响市场价格变动的因素较多，也很复杂，但归结起来不外乎两类，一是由于供求量的变化、价格政策的变化、劳动生产率的变化等都可能引起商品间比价的改变，产生相对价格变化；二是由于通货膨胀或通货紧缩而引起商品价格总水平的变化，产生绝对价格变化。

一般情况下，建设期内应考虑投入的相对价格变动和价格总水平变动——时价。在生产期内，若能合理判断未来市场价格的变动趋势，投入与产出可考虑采用相对变动的价格——实价；若难以确定投入与产出的价格变动，一般可采用预测的项目生产期初的价格，生产期各年采用同一的不变价格；有要求时，也可考虑价格总水平的变动，但采用的财务基准收益率也应考虑价格总水平的变动因素。

煤炭建设项目的建设周期一般较长，较长时期内的投入物与产出物的价格变动情况难以准确预测，所以煤炭建设项目一般可采用以现行市场价格为基础测算的预测价格，但应就未能考虑的价格变动因素对评价指标的影响进行敏感性分析。当建设投资估算不包括工程造价调整预备费时，预测价格采用建设期初价格，建设投资估算包括工程造价调整预备费时，预测价格采用建设期末价格。

经济费用效益分析应采用以真实经济价值为基础的预测价格，不考虑价格总水平变动因素。

2 财 务 分 析

2.1 财务分析方法

2.1.1 财务分析遵照的方法。

财务分析是在国家现行财税制度和价格体系下，从项目财务角度分析、计算项目的财务盈利能力、偿债能力和财务生存能力，据以判别项目的财务可接受性。财务分析应在项目财务效益与费用估算的基础上进行。煤炭项目是典型的工业项目，财务分析应按照《方法与参数》第三版的有关规定执行。

2.1.2 财务分析的内容。

1. 融资前分析。融资前分析应以动态分析（折现现金流量分析）为主，静态分析（非折现现金流量分析）为辅。

融资前动态分析应以销售收入、建设投资、经营成本和流动资金的估算为基础，考察整个计算期内现金流入和现金流出，编制项目投资现金流量表，利用资金时间价值的原理进行折现，计算项目投资财务内部收益率和财务净现值等指标。

融资前分析排除了融资方案变化的影响，从项目投资总获利能力的角度，考察项目方案设计的合理性。融资前分析计算的相关指标，应作为初步投资决策与融资方案研究的依据和基础。

根据分析角度的不同，融资前分析可选择计算所得税前指标和（或）所得税后指标。

融资前分析也可计算静态项目投资回收期（P_t）指标，用以反映收回项目投资所需的时间。

计算所得税前指标的融资前分析（所得税前分析）是从息前税前角度进行的分析；计算所得税后指标的融资前分析（所得税后分析）是从息前税后角度进行的分析。

为了体现与融资方案无关的要求，各项现金流量的估算中都需要剔除利息的影响。例如采用不含利息的经营成本作为现金流出，而不是总成本费用；在流动资金估算、经营成本中的修理费和其他费用估算过程中应注意避免利息的影响等。

所得税前和所得税后分析的现金流入完全相同，但现金流出略有不同，所得税前分析不将所得税作为现金流出，所得税后分析视所得税为现金流出。

所得税前分析的现金流入主要是销售收入，有些项目还可能包括补贴收入或其他收入，在计算期的最后一年，还包括回收资产余值及回收流动资金；现金流出主要包括建设投资、流动资金、经营成本、销售税金及附加，生产期内需要发生设备或设施等固定资产的更新投资以及成本中提取的安全费用使用时产生的安全生产投入、支付的采矿权价款或转让费、开拓延深费、追加投资和维简费开支的其他维持简单再生产投入等，也应作为现金流出。净现金流量（现金流入与现金流出之差）是计算分析指标的基础。

计算期最后一年回收的资产余值包括固定资产余值和无形资产余值。固定资产余值指计算期最后一年的固定资产剩余价值（包括残值），矿建工程投资形成的固定资产可不考虑回收余值；当采矿权受益期大于财务分析计算期时，采矿权形成的无形资产在计算期最后一年的余值作为无形资产余值予以回收，并作为现金流入。

根据上述现金流入与流出编制项目投资现金流量表，并依据该表计算项目投资息税前财务内部收益率（*FIRR*）和项目投资息税前财务净现值（*FNPV*）。

按所得税前的净现金流量计算的相关指标，即所得税前指标，是投资盈利能力的完整体现，用以考察由项目方案设计本身所决定的财务盈利能力，它不受融资方案和所得税政策变化的影响，仅仅体现项目方案本身的合理性。所得税前指标可以作为初步投资决策的主要指标，用于考察项目是否基本可行，并是否值得去为之融资。所谓“初步”是相对而言，意指根据该指标投资者可以做出项目实施后能实现投资目标的判断，此后再通过融资方案的比选分析，有了较为满意的融资方案后，投资者才能决定最终出资。所得税前指标应该受到项目有关各方（项目发起人、项目业主、项目投资人、银行和政府管理部门）广泛的关注。所得税前指标还特别适用于建设方案设计中的方案比选。

项目投资现金流量表中的“所得税”应根据息税前利润（*EBIT*）乘以所得税率计算，称为“调整所得税”。原则上，息税前利润的计算应完全不受融资方案变动的影响，即不受利息多少的影响，包括建设期利息对折旧的影响（因为折旧的变化会对利润总额产生影响，进而影响息税前利润）。但如此将会出现两个折旧和两个息税前利润（用于计算融资前所得税的息税前利润和利润表中的息税前利润）。为简化起见，当建设期利息占总投资比例不是很大时，也可按利润表中的息税前利润计算调整所得税。

所得税后分析是所得税前分析的延伸。由于所得税作为现金流出，可用于在非融资的条件下判断项目投资对企业价值的贡献，是企业投资决策依据的主要指标。

财务分析中，一般将内部收益率的判别基准（i_c，基准收益率）和计算净现值的折现率采用同一数值，可使 $FIRR \geqslant i_c$ 对项目效益的判断和采用 i_c 计算的 $FNPV \geqslant 0$ 对项目效益的判断结果一致。

作为项目投资判别基准的财务基准收益率或计算项目投资净现值的折现率，应主要依据“资金机会成本”和“资金成本”确定，并充分考虑项目可能面临的风险。项目的投资目标、投资人的偏好对确定基准收益率或折现率有重要影响。实际工作中，应根据项目的性质使用或参考使用主管部门发布的煤炭行业财务基准收益率。

计算净现值的折现率也可取不同于内部收益率判别基准的数值。折现率的取值应十分谨慎，因为折现率的微小差异，会带来净现值数以万计的差异。依据不充分时或可变因素较多时，可取几个不同数值的折现率，计算多个净现值，以给决策者提供全面的信息。

在判别基准的设定中是否考虑价格总水平变动因素，应与指标计算时对价格总水平变动因素的处理相一致。在项目投资现金流量表的编制中一般不考虑价格总水平变动因素，所以在判别基准的设定中通常要剔除价格总水平变动因素的影响。

在判别基准的设定中是否考虑所得税因素，应与指标的内涵相对应。设定所得税前指标的判别基准时，应含所得税；而设定所得税后指标的判别基准时，应剔除所得税。

2．融资后分析。融资后分析应以融资前分析和初步的融资方案为基础，考察项目在拟定融资条件下的盈利能力、偿债能力和财务生存能力，判断项目方案在融资条件下的可行性。融资后分析用于比选融资方案，帮助投资者作出融资决策。

可行性研究阶段必须进行融资后分析，但只是阶段性的。实践中，在可行性研究报告完成之后，还需要进一步深化融资后分析，才能完成最终融资决策。

融资后的盈利分析应包括动态分析和静态分析。

（1）动态分析。包括两个层次：

1）项目资本金现金流量分析，应在拟定的融资方案下，从项目资本金出资者整体的角度，确定其现金流入和现金流出，编制项目资本金现金流量表，利用资金时间价值的原理进行折现，计算项目资本金财务内部收益率指标，考察项目资本金可获得的收益水平。

项目资本金现金流量分析是在拟定的融资方案基础上进行的息税后分析，依据的报表是项目资本金现金流量表。该表将各年投入项目的项目资本金作为现金流出，各年缴付的所得税和还本付息也作为现金流出，因此其净现金流量可以表示在缴税和还本付息之后的剩余，即项目（或企业）增加的净收益，也是投资者的权益性收益。因此计算的项目资本金内部收益率指标反映从投资者整体权益角度考察盈利能力的要求，也就是从项目发起人（或企业）角度对盈利能力进行判断的要求。在依据融资前分析的指标对项目基本获利能力有所判断的基础上，项目资本金内部收益率指标体现了在一定的融资方案下，投资者整体所能获得的权益性收益水平。该指标可用来对融资方案进行比较和取舍，是投资者整体作出最终融资决策的依据，也可进一步帮助投资者最终决策出资。

项目资本金内部收益率的判别基准是项目投资者整体对投资获利的最低期望值，亦即最低可接受收益率。当计算的项目资本金内部收益率大于或等于该最低可接受收益率时，说明投资获利水平大于或达到了要求，是可以接受的。最低可接受收益率的确定主要取决于当时的资本收益水平以及投资者对权益资金收益的要求。它与资金机会成本和投资者对风险的态度有关。

2）投资各方现金流量分析，应从投资各方实际收入和支出的角度，确定其现金流入和现金流出，分别编制投资各方现金流量表，计算投资各方的财务内部收益率指标，考察投资各方可能获得的收益水平。当投资各方不按股本比例进行分配或有其他不对等的收益时，可选择进行投资各方现金流量分析。

投资各方的内部收益率表示了投资各方的收益水平。一般情况下，投资各方按股本比例分配利润和分担亏损及风险，因此投资各方的利益一般是均等的，没有必要计算投资各方的内部收益率。只有投资者中的各方有股权之外的不对等的利益分配时（契约式的合作企业常常会有这种情况），投资各方的收益率才会有差异，此时常常需要计算投资各方的内部收益率。计算投资各方的内部收益率可以看出各方收益是否均衡，或者其非均衡性是否在一个合理的水平上，有助于促成投资各方在合作谈判中达成平等互利的协议。

（2）静态分析。静态分析系指不采取折现方式处理数据，依据利润与利润分配表计算项目资本金净利润率（*ROE*）和总投资收益率（*ROI*）指标。

当静态分析指标分别符合其相应的参考值时，认为从该指标看盈利能力满足要求。如果不同指标得出的判断结论相反，应通过分析原因，得出合理的结论。

静态盈利能力分析可根据项目的具体情况选做。

2.1.4 偿债能力分析指标。

1. 对筹措了债务资金（以下简称借款）的项目，偿债能力考察项目能否按期偿还借款的能力。通过计算利息备付率和偿债备付率指标，判断项目的偿债能力。如果能够得知或根据经验设定所要求的借款偿还期，可以直接计算利息备付率和偿债备付率指标；如果难以确认或设定借款偿还期，也可以先大致估算出借款偿还期，再采用适宜的方法计算出每年需要还本和付息的金额，代入公式计算利息备付率和偿债备付率指标。需要估算借款偿还期时，可按下式估算：

$$借款偿还期 = 借款偿还后开始出现盈余年份 - 开始借款年份 + \frac{当年偿还借款额}{当年可用于还款的资金额} \quad (1)$$

需注意的是，该借款偿还期只是为估算利息备付率和偿债备付率指标所用，不应与利息备付率和偿债备付率指标并列。

2. 按照有关法规，融资租赁固定资产可视同购置的固定资产一样计提折旧，同时按税法规定，融资租赁费用不应在所得税前扣除，因此项目评价中融资租赁费用的支付，可视作偿还本金处理，按要求的期限和数额逐年偿还。

3. 偿债备付率的计算公式是基于我国所得税后还款的要求，并根据债权人要求的还款条件（期限和利率）按最大还款资金能力计算的，即用于计算还本付息的资金包含的范围是息税前利润加上折旧、摊销、维简费和井巷工程费，只扣除所得税和生产期间增加的投资支出。生产期间增加的投资支出主要指维持运营投资费用，但不包括安全生产投入，对项目达产以后产量、经营成本变动较大的某些项目，也包括流动资金增加额或减少额（仅指在流动资金估算中未包括的部分）。

2.1.5 财务生存能力分析。

财务生存能力分析用于通过考察项目计算期内的投资、融资和经营活动所产生的各项现金流入和流出，计算净现金流量和累计盈余资金，分析项目是否有足够的净现金流量维持正常运营，以实现财务可持续性。

财务可持续性应首先体现在有足够大的经营活动净现金流量，其次各年累计盈余资金不应出现负值，若出现负值，应进行短期借款，同时分析该短期借款的年份长短和数额大小，进一步判断项目的财务生存能力。短期借款应体现在财务计划现金流量表中，其利息应计入财务费用。为维持项目正常生产运营，还应分析短期借款的可靠性。

在项目（企业）生产运营期间，确保从各项经济活动中得到足够的净现金流量是项目能够持续生存的条件。财务分析中应根据财务计划现金流量表，综合考察项目计算期内各年的投资活动、融资活动和经营活动所产生的各项现金流入和流出，计算净现金流量和累计盈余资金，分析项目是否有足够的净现金流量维持正常运营。为此，财务生存能力分析亦可称为资金平衡分析。

财务生存能力分析应结合偿债能力分析进行，如果拟安排的还款期过短，致使还本付息负担过重，导致为维持资金平衡必须筹借的短期借款过多，可以调整还款期，减轻各年还款负担。

通常项目投产初期的还本付息负担较重，故应特别注重生产期前期的财务生存能力分析。通过以下相辅相成的两个方面可具体判断项目的财务生存能力：

1. 拥有足够的经营净现金流量是财务可持续的基本条件，特别是在生产初期。一个项目具有较大的经营净现金流量，说明项目方案比较合理，实现自身资金平衡的可能性大，不会过分依赖短期融资来维持运营；反之，一个项目不能产生足够的经营净现金流量，或经营净现金流量为负值，说明维持项目正常运行会遇到财务上的困难，项目方案缺乏合理性，实现自身资金平衡的可能性小，有可能要靠短期融资来维持运营；或者是非营利项目本身无能力实现自身资金平衡，提示要靠政府补贴。

2. 各年累计盈余资金不出现负值是财务生存的必要条件。在整个生产期间，允许个别年份的净现金流量出现负值，但不能容许任一年份的累计盈余资金出现负值。一旦出现负值时应适时进行短期融资，该短期融资应体现在财务计划现金流量表中，同时短期融资的利息也应纳入成本费用和其后的计算。较大的或较频繁的短期融资，有可能导致以后的累计盈余资金无法实现正值，致使项目难以持续运营。

财务计划现金流量表是项目财务生存能力分析的基本报表，其编制基础是财务分析辅助报表和利润与利润分配表。

2.1.6 维持运营投资。

为维持正常生产，煤炭项目在生产期内需要投入一定的固定资产或费用，包括固定资产更新投资、安全生产投入、支付的采矿权价款或转让费、维简费开支的其他维持简单再生产投入、开拓延深费和追加投资等，这些维持运营投资，应在现金流量表中将其作为现金流出。其中固定资产更新投资、支付的采矿权价款或转让费、开拓延深费和追加投资予以资本化，安全生产投入、维简费开支的其他维持简单再生产投入予以费用化。

1. 固定资产更新投资。固定资产更新投资用于对原有设备或设施的更新，更新投资的投入时间和其固定资产的形成时间，应以能够保证需要更新的固定资产得以正常接续使用为原则，更新投资所形成的固定资产应按被更新固定资产的原始投入方式去构建。

2. 安全生产投入。由于安全生产投入计划不同于固定资产更新计划，安全生产投入发生的时间受矿井安全生产状况制约，存在预防性与随机性，难以事先做出比较准确的计划安排。为满足安全生产需要，提取的安全费用在使用时，按“即提即用”的原则处理，即当期提取的安全费用当期全额安排使用。

3. 维简费投入。由维简费开支的其他维持简单再生产投入和保证矿井均衡稳定生产的投入，按成本中当期维简费（不含井巷工程费）提取额度的50%计算。

4. 支付的采矿权价款或转让费。生产期需要支付的采矿权价款或转让费，作为维持运营投资计为现金流出。

5. 开拓延深费、追加投资。对于多水平开拓或分区开拓的矿井，当计算期内需要进行水平延深或分区接替时，需要投入接续水平或分区建设所需的投资；随着露天矿排土场的不断延长和工作面的不断推进，露天矿生产期间各年的生产剥采比会产生变化，剥离物（含煤炭产品）的运距会不断加大，对应设备的投入数量也不一样，当需要追加设备以满足生产需要时，需要追加建设投资。经济评价时应将矿井接续水平或分区建设投资和露天矿追加建设投资作为现金流出考虑。

2.1.7 财务分析报表。

财务分析报表包括下列各类现金流量表、利润与利润分配表、财务计划现金流量表、资产负债表和借款还本付息估算表。

现金流量表应正确反映计算期内的现金流入和流出，具体可分为下列三种类型：

第一类，项目投资现金流量表（基本报表1），用于计算项目投资内部收益率及净现值等财务分析指标。

第二类，项目资本金现金流量表（基本报表2），用于计算项目资本金财务内部收益率。

第三类，投资各方现金流量表（基本报表3），用于计算投资各方财务内部收益率。

利润与利润分配表（基本报表4），反映项目计算期内各年销售收入、总成本费用、利润总额等情况，以及所得税后利润的分配，用于计算总投资收益率、项目资本金净利润等指标。

财务计划现金流量表（基本报表5），反映项目计算期各年的投资、融资及经营活动的流入和流出，用于计算累计盈余资金，分析项目的财务生存能力。为实现项目资金平衡，财务计划现金流量表、利润与利润分配表通常同时进行编制。

资产负债表（基本报表6），用于综合反映项目计算期内各年末资产、负债和所有者权益的增减变化及相对应关系，计算资产负债率。资产负债表应遵循资产等于负债加所有者权益的原则编制，各年维简费使用后的剩余部分和矿建固定资产净值为“0”以后继续按吨煤计提标准提取的井巷工程费，计入资本公积金。

借款还本付息计划表（基本报表7），反映项目计算期各年借款本金偿还和利息支付情况，用于计算偿债备付率和利息备付率指标。

财务分析报表在编制过程中可结合项目具体情况或政策规定，如按国家或各省（市）有关规定增加相应成本科目，或在税后利润中提取相应基金等，适当增减科目。

在“利润与利润分配表”中，当生产期某年出现亏损时，可以用下一年度的所得税前利润弥补。下一年度所得税前利润不足弥补的，可以在五年内用所得税前利润弥补。五年内所得税前利润不足弥补的，用其后各年的所得税后利润弥补。本表利润分配内容和顺序系根据《企业会计制度》（2001）的规定，具体为：

1．当期实现的净利润，加上期初未分配利润（或减去期初未弥补亏损），为可供分配的利润。

2．内资项目以当年净利润为基数按10%提取法定盈余公积金，当法定盈余公积金已达注册资本的50%时，可不再提取。

按照财政部有关外商投资企业的财务管理规定，企业应从税后利润中提取储备基金、企业发展基金和职工奖励及福利基金，上述三项基金的提取比例由企业董事会确定。其中，外商独资经营企业可不提取企业发展基金，其储备基金提取比例不得低于税后利润的10%，当提取金额达到注册资本的50%时，可不再提取。

3．可供分配的利润减去提取的法定盈余公积金等后，为可供投资者分配的利润。

中外合作经营企业按规定在合作期内以利润归还投资者的投资，也从可供分配的利润中扣除。

4．可供投资者分配的利润，按下列顺序分配：

（1）应付优先股股利（如有优先股的话），是指按照利润分配方案分配给优先股股东的现金股利。

（2）提取任意盈余公积，是指按规定提取的任意盈余公积金。一般情况下，提取任意盈余公积金需经股东会或者股东大会决议确定。在无确切依据和提取标准时，财务分析时可不予考虑。

（3）应付普通股股利，是指企业按照利润分配方案分配给普通股股东的现金股利。企业分配给投资者的利润，也在此核算。

（4）经过上述分配后的剩余部分为未分配利润。

项目处于偿还长期债务资金期间时，一般应该遵循“债权优于股权受偿”的受偿原则，即项目偿还债务资金期间，如果还款资金短缺，当期可供投资者分配的利润应优先用于偿还债务资金，剩余部分再分配给各投资方。但有特殊要求时可不受此原则约束。

按以上内容完成财务分析后，还应对各项财务指标进行汇总，并结合不确定性分析的结果，作出项目财务分析的结论。

2.2 项目总投资

2.2.1 项目总投资构成。

煤炭建设项目经济评价中的总投资包括建设投资、建设期利息和流动资金。它区别于目前国家考核建设规模的总资金，即建设投资、建设期利息和铺底流动资金之和。

2.2.2 建设投资估算。

建设投资估算应在给定的建设规模、产品方案和工程技术方案的基础上，估算项目建设所需的费用。

建设投资的构成可按概算法分类或按形成资产法分类。根据煤炭建设项目前期研究各阶段对投资估算精度的要求、行业特点和相关规定，可选用相应的投资估算方法，一般先按概算分类法估算建设投资，然后根据形成资产分类法进行归并。投资估算的内容与深度应满足项目前期研究各阶段的要求，并为融资方案研究制定提供基础。

1. 按概算法分类，建设投资由建筑安装工程费（矿建工程费、土建工程费、安装工程费）、设备及工器具购置费、工程建设其他费用和预备费组成。

2. 按形成资产法分类，建设投资由形成固定资产的费用、形成无形资产的费用和形成其他资产的费用三部分组成。

固定资产费用系指项目投产时将直接形成固定资产的建设投资，包括工程费用和工程建设其他费用中按规定将形成固定资产的费用（也称为固定资产其他费用），主要包括通过非土地使用权出让方式取得土地的建设用地费、建设单位管理费、可行性研究费、研究试验费、勘察设计费、环境影响评价费、劳动安全卫生评价费、安全生产评价费、水土保持评价费、项目申请报告费、井筒地质检查钻探费、矿井井位确定费、场地准备及临时设施费、联合试运转费、引进技术和引进设备其他费、施工机构迁移费、维修费、工程保险费、特殊设备安全监督检验费和市政公用设施建设及绿化费等。

无形资产费用系指直接形成无形资产的建设投资，主要是专利权、非专利技术、商标权、土地使用权和商誉、探矿权价款（转让费）、采矿权价款（转让费）等。

其他资产费用系指建设投资中除形成固定资产和无形资产以外的部分，如生产准备及开办费等。

2.2.4 建设投资估算方法。

建设投资估算一般可采用扩大指标估算法、概算指标估算法、比例法等方法。

1. 扩大指标估算法。

（1）估算单项工程投资。选用类似项目单位生产能力的实际投资指标或概算指标，如矿井、露天矿、选煤厂的吨煤投资指标，铁路的公里投资指标，矸石电厂的千瓦发电能力指标等。

$$\text{拟建项目建设投资} = \text{拟建项目生产能力} \times \frac{\text{类似项目建设投资额}}{\text{类似项目生产能力}} \tag{2}$$

使用这种方法时需注意拟建项目的生产规模、地质条件、开拓方式、技术方案、生产工艺等和类似项目的可比性，以及被采用的指标的价格年度，以便根据以上条件考虑调整。该方法一般适用于矿区规划研究阶段。

（2）估算单位工程投资。即采用类似单位工程实际造价、概算价、预算价等估算投资，用于估算单位工程投资。

2. 概算指标估算法。参照煤炭行业现行概算指标、概算定额及配套的取费标准估算建设投资。采用这种方法的前提是项目技术方案的研究较为深入，能够基本确定建设项目的单位工程量，是经常被采用的一种方法。

3. 比例法。用比例法估算建设投资有两种情况，一种是先估算出研究工作较为深入的井巷工程或露天剥离工程等矿建工程的投资，然后用矿建、土建、安装三类工程投资和设备投资所占总投资的比例的经验数据，推算项目总投资。另外一种是先估算出主要生产环节（如矿井的提升、运输、排水、采区；露天矿的采、运、排；选煤厂的主厂房、胶带输送机栈桥等）的投资，再依据主要环节所占总投资比例的经验数据估算总投资。

2.2.5 预备费。

建设投资中的预备费包括工程预备费和工程造价调整预备费。工程预备费也称基本预备费，工程造价调整预备费也称价差预备费。

工程预备费以矿建工程费、土建工程费、安装工程费、设备及工器具购置费、工程建设其他费用之和为基数，按费率计算。目前执行的费率为：①新建矿井 13%；②改扩建矿井 10%；③露天矿、选煤厂、矿区机修厂等 8%；④其他单项工程 6%。铁路、公路等项目按有关行业规定执行。

工程造价调整预备费以建设期各年的建设投资逐年计划安排数额为计算基础，按以下公式计算：

$$P_c = \sum_{t=1}^{n} C_t[(1+e)^{t-1} - 1] \tag{3}$$

式中 P_c——工程造价调整预备费；

C_t——建设期第 t 年的建设投资计划安排数额（包括矿建工程费、土建工程费、安装工程费、设备及工器具购置费、工程建设其他费用、工程预备费）；

e——价格指数，按照国家发改委发布的指数执行；

n——建设期年数，以投资估算价格基准年份为基期，计算至项目建成的年份；

t——建设期第 t 年。

2.2.6 矿业权价款。

矿业权价款包括探矿权价款和采矿权价款。按照《财政部、国土资源部关于深化探矿权采矿权有偿取得制度改革有关问题的通知》（财建〔2006〕694 号）规定，矿业权价款首先应当以资金方式向国家缴纳；对以资金方式向国家缴纳探矿权、采矿权价款确有困难的，可遵循探矿权、采矿权人自愿原则，经批准后以折股方式缴纳，或经探矿权、采矿权审批登记管理机关批准，可在探矿权、采矿权有效期内分期缴纳。由于各省（自治区、直辖市）对矿业权价款缴纳和管理也有相关规定，故经济评价中，矿业权价款的缴纳额度、缴纳方式和缴纳期限应注意考虑各省（自治区、直辖市）的有关规定。

无论矿业权价款以何种方式、在什么期间缴纳，矿业权价款均应计入项目的投资，在建设期缴纳的应计为项目的建设投资，在项目投入生产以后时期缴纳的计入维持运营投资。

矿业权价款不作为预备费的计算基数。

由于矿业权价款的缴纳时间受制因素较多，且有时数额巨大，为避免项目投资水平受矿业权价款缴纳时间和数额的影响而失去可比性，可将矿业权价款单独列在工程建设其他费用之外，与各生产环节平列。在表现建设期需要缴纳额度的同时，还应说明价款总额。

从二级市场取得矿业权需要支付的矿业权转让费，按转让协议规定的支付方式支付。相关处理方式可比照矿业权价款。

2.2.7 建设期利息。

建设期利息系指筹措债务资金时在建设期内发生并按规定允许在投产后计入固定资产原值的资本化利息，包括银行借款和其他债务资金的利息以及其他融资费用。不涉及国外贷款的项目，其他融资费用可简化处理计入建设投资。

估算建设期利息，需要以确定的建设投资分期使用计划中的借款额度为依据。应注意名义年利率和有效年利率的换算。将名义年利率折算为有效年利率的计算公式为：

$$\text{借款有效年利率} = \left(1 + \frac{r}{m}\right)^{m} - 1 \tag{4}$$

式中 r——名义年利率；

m——每年计息次数。

当建设期用权益资金按期支付利息时，可不必进行换算，直接采用名义年利率计算建设期利息。

计算建设期利息时，为了简化计算，通常假定借款均在每年的年中支用，借款当年按半年计息，其余各年份按全年计息，计算公式如下：

采用权益资金付息时，按单利计算：

$$\begin{matrix}\text{项目投产前}\\\text{某年建设期利息}\end{matrix} = \left(\begin{matrix}\text{年初借款}\\\text{本金累计}\end{matrix} + \frac{\text{本年借款额}}{2}\right) \times \text{借款名义年利率} \tag{5}$$

采用复利方式计息时：

$$\begin{matrix}\text{项目投产前}\\\text{某年建设期利息}\end{matrix} = \left(\begin{matrix}\text{年初借款}\\\text{本息累计}\end{matrix} + \frac{\text{本年借款额}}{2}\right) \times \text{借款有效年利率} \tag{6}$$

对于项目投产后建设与生产同时进行的交叉期，建设期利息按下式计算：

$$\begin{matrix}\text{项目投产后}\\\text{某年建设期利息}\end{matrix} = \frac{\text{本年借款额}}{2} \times \text{借款名义年利率} \tag{7}$$

对有特殊条件的借款，其计息方法按其特定要求确定。

对有多种借款资金来源，每笔借款的年利率各不相同的项目，既可分别计算每笔借款的利息，也可先计算出各笔借款加权平均的年利率，并以加权平均利率计算全部借款的利息。

当以年作为现金流时间单位时，有时会出现同一年中的前一部分时间建设、后一部分时间生产的投产年，财务分析报表中该年相关数据的直观表现同于建设与生产同时进行的交叉期，但该年建设期利息的计算则与交叉期年份不同。应将该年的利息按建设期和生产期分两段计算，建设期发生的借款利息计入建设期利息，生产期发生的借款利息计入总成本费用。

建设期发生的借款利息计算式为：

$$\begin{matrix}\text{当年计入建设期利息}\\\text{的借款利息}\end{matrix} = \left(\begin{matrix}\text{年初借款}\\\text{本息累计}\end{matrix} + \frac{\text{本年借款额}}{2}\right) \times \begin{matrix}\text{借款}\\\text{年利率}\end{matrix} \times \begin{matrix}\text{当年建设}\\\text{时间(月)}\end{matrix} \div 12 \tag{8}$$

式中，采用权益资金付息时，借款年利率为名义年利率；采用复利方式计息时，借款年利率为有效年利率。

生产期发生的借款利息计算式为：

$$\text{当年计入成本费用的借款利息} = \left(\text{建设投资借款本金} + \text{建设期利息}\right) \times \text{借款名义年利率} \times \left(12 - \text{当年建设时间(月)}\right) \div 12 \quad (9)$$

当建设项目的开始时间不按开始年的年初考虑时，开始年的建设期利息计算式同（8）。

矿区项目和集团项目建设期利息应按各单项工程分别计算建设期利息后予以叠加求和。

在煤炭建设项目经济评价中，对于分期建设的项目，应注意按各期投产时间分别停止借款利息的资本化，即投产后继续发生的借款利息不作为建设期利息计入固定资产原值，而是作为生产期利息计入总成本费用。对间隔时间较短的分期建设项目不分期评价时，除一期工程以外的各期工程建设期间发生的借款利息均不再资本化。

2.2.8 流动资金。

流动资金系指生产期内长期占用并周转使用的营运资金，不包括生产运营中需要的临时性营运资金。流动资金的估算基础是经营成本和商业信用等，其计算应符合下列要求：

1. 按前期研究阶段的不同，流动资金估算可选用扩大指标估算法或分项详细估算法。

（1）扩大指标估算法。是参照同类企业流动资金占销售收入或经营成本的比例、或者单位生产能力占用营运资金的数额估算流动资金的方法，煤炭建设项目一般宜采用单位生产能力占用资金量法估算。在总体规划、机会研究或项目建议书（预可研）阶段一般可采用扩大指标估算法。

（2）分项详细估算法。是利用流动资产与流动负债估算项目占用的流动资金。一般先对流动资产和流动负债主要构成要素进行分项估算，进而估算流动资金。可行性研究阶段流动资金估算一般宜采用分项详细估算法。

流动资产的构成要素一般包括存货、库存现金、应收账款和预付账款；流动负债的构成要素一般只考虑应付账款和预收账款。流动资金等于流动资产与流动负债的差额。

2. 流动资金估算需要注意的问题：

（1）在煤炭建设项目评价中，最低周转天数取值对流动资金估算的准确程度有较大影响。在确定最低周转天数时应根据项目的特点，投入和产出性质、供应来源以及各分项的属性，并考虑保险系数分项确定。

（2）当投入物和产出物采用不含税价格时，估算中应注意将销项税额和进项税额分别包括在相应的年费用金额中。

（3）流动资金一般应在项目投产前开始筹措。为了简化计算，流动资金可在投产第一年开始安排，并随生产运营计划的不同而有所不同，因此流动资金的估算应根据不同的生产运营计划分年进行。

（4）用详细估算法计算流动资金，需以经营成本及其中的某些科目为基数，因此实际上流动资金估算应在经营成本估算之后进行。

3. 煤炭建设项目流动资金估算按照附件一“煤炭建设项目流动资金估算方法”执行。

2.2.9 形成资产。

建设投资中的预备费按比例全部分摊计入固定资产原值、无形资产原值和其他资产原值。分摊计入固定资产的部分，同样按投资比例分摊计入矿山建筑（井巷、露天剥离）、地面建构筑物、各类设备等固定资产原值。

不形成资产的设备进项税，不分摊预备费。

2.3 资金来源与融资方案

2.3.1 煤炭建设项目资金来源。

任何项目的建设都需要资源，其中资金是最基本的资源。因此，确定合理可行的融资方案是项目得以顺利实施的先决条件。煤炭建设项目所需的投资资金可从多个渠道获得，一般可划分为项目资本金和债务资金两大类。

2.3.2 融资主体与融资方式。

1. 融资主体。设定融资方案，应先确定融资主体。融资主体是指进行融资活动、承担融资责任和风险的项目法人单位。正确确定融资主体，有助于顺利筹措资金和降低债务偿还风险。确定融资主体应考虑项目投资规模和煤炭行业特点、项目与既有法人资产及经营活动的联系、既有法人财务状况和项目自身的盈利能力等因素。

2. 融资方式。按照融资主体不同，融资方式分为既有法人融资和新设法人融资两种。

既有法人融资方式是以既有法人为融资主体的融资方式，建设项目所需资金来源于既有法人内部融资、新增资本金和新增债务资金。

新设法人融资方式是以新组建的具有独立法人资格的项目公司为融资主体的融资方式，建设项目所需资金来源于项目公司股东投入的资本金和项目公司承担的债务资金。

两种融资方式的特点、选择条件和适用项目类型见表1。

表1 两种融资方式的特点、选择条件和适用项目类型表

融资方式	特 点	选择条件	适用项目类型
既有法人融资	①由既有法人发起项目、组织融资活动并承担融资责任和风险。②建设项目所需的资金来源于既有法人内部融资、新增资本金和新增债务资金。③新增债务资金依靠既有法人整体（包括拟建项目）的盈利能力来偿还，并以既有法人整体的资产和信用承担债务担保	在下列情况下，一般应以既有法人为融资主体：①既有法人具有为项目进行融资和承担全部融资责任的经济实力。②项目与既有法人的资产以及经营活动联系密切。③项目的盈利能力较差，但项目对整个企业的持续发展具有重要作用，需要利用既有法人的整体资信获得债务资金	①改扩建项目。 ②非独立法人的新建项目
新设法人融资	①由项目发起人（企业或政府）发起组建新的具有独立法人资格的项目公司，由新组建的项目公司承担融资责任和风险。②建设项目所需资金的来源，可包括项目公司股东投入的资本金和项目公司承担的债务资金。③依靠项目自身的盈利能力来偿还债务。④一般以项目投资形成的资产、未来收益或权益作为融资担保的基础	在下列情况下，一般应以新设法人为融资主体：①拟建项目的投资规模较大，既有法人不具有为项目进行融资和承担全部融资责任的经济实力。②既有法人财务状况较差，难以获得债务资金，而且项目与既有法人的经营活动联系不密切。③项目自身具有较强的盈利能力，依靠项目自身未来的现金流量可以按期偿还债务	①新建项目。 ②将既有法人的一部分资产剥离出去后重新组建新的项目法人的改扩建项目

2.3.4 项目资本金的来源渠道和筹措方式。

项目资本金的来源渠道和筹措方式应根据项目融资主体的特点按下列要求选择：

既有法人融资项目的新增资本金可通过原有股东增资、吸收新股东投资、发行股票、政府投资等渠道和方式筹措。

新设法人融资项目的资本金可通过股东直接投资、发行股票、政府投资等渠道和方式筹措。

根据《国务院关于调整固定资产投资项目资本金比例的通知》（国发〔2009〕27号）要求，煤炭建设项目资本金应占固定资产投资（即建设投资+建设期利息）与铺底流动资金之和的30%及以上。

资本金特点、来源渠道和筹措方式见表2。

表2　资本金特点、来源渠道和筹措方式表

资本金特点	出资方式	来源渠道和筹措方式	备　注
①项目资本金（外商投资项目为注册资本金），是指在建设项目总投资（外商投资项目为投资总额）中，由投资者认缴的出资额，对投资项目来说是非债务资金，项目法人不承担这部分资金的任何利息和债务。②投资者可按其出资比例依法享有所有者权益，也可转让其出资，但一般不得以任何方式抽回	①货币。②以实物、工业产权、非专利技术、土地使用权、资源开采权等作价出资，须经有资产评估资质的资产评估机构评估作价，其中以工业产权和非专利技术作价出资的比例一般不得超过项目资本金总额的20%（经特别批准，部分高新技术企业可达到35%以上）	①股东直接投资：包括政府授权投资机构入股资金、国内外企业入股资金、社会团体和个人入股资金及基金投资公司入股的资金，分别构成国家资本金、法人资本金、个人资本金和外商资本金。②股票融资：包括公募与私募两种形式。③政府投资：包括各级政府的财政预算内资金、国家批准的各种专项建设基金、统借国外贷款、土地批租收入、地方政府按规定收取的各种费用及其他预算外资金等	①股票融资具有以下特点：是项目的股本资金，没有到期偿还问题，融资风险较小，融资成本较高，上市公开发行股票须公开披露信息。②以资本金方式投入的政府投资资金，在项目评价中应视为权益资金。③以投资补贴、贷款贴息等方式投入的政府资金，在项目评价中应视为现金流入，根据具体情况分别处理。④以转贷方式投入的政府投资资金（统借国外贷款），在项目评价中应视为债务

2.3.5 项目债务资金的来源渠道和筹措方式。

项目债务资金可通过商业银行贷款、政策性银行贷款、外国政府贷款、国外金融组织贷款、出口信贷、银团贷款、企业债券、短期融资券、国际债券、融资租赁等渠道和方式筹措。

债务资金特点、来源渠道和筹措方式见表3。

表3　债务资金特点、来源渠道和筹措方式表

债务资金特点	来源渠道和筹措方式
①在使用上具有时间性限制，到期必须偿还；②无论项目融资主体经营效果如何，均须按期还本付息，从而形成企业的财务负担；③资金成本一般比权益资金低，且不会分散投资者对企业的控制权	①国内商业银行贷款。贷款手续简单、成本较低。②政策性银行贷款。贷款期限较长，利率较低。我国政策银行有国家开发银行、中国进出口银行和中国农业发展银行。③外国政府贷款。具有一定的援助或部分赠与性质的低息优惠贷款，贷款期限长、利率低甚至无息，一般限定用途且以混合贷款方式提供。主要有：日本国际协力银行贷款、日本能源贷款、美国国际开发署贷款、加拿大国际开发署贷款，以及德国、法国等国政府贷款。④国际金融组织贷款。主要包括国际货币基金组织、世界银行和亚洲开发银行贷款。须符合这些组织的贷款政策，按要求提供资料，并按规定的方法和程序实施项目。国际货币基金组织贷款只限于成员国财政和金融当局，期限为1～5年。世界银行贷款期限较长，实行浮动利率并须缴纳承诺费，只提供所资助项目货物和服务的外汇部分，贷款程序严密、审批时间较长。亚洲开发银行贷款分为硬贷款、软贷款和赠款。⑤出口信贷。分买方信贷和卖方信贷。利率通常低于国际商业银行贷款利率，需支付一定的附加费用。⑥银团贷款。参加银行较多，贷款过程周期长，除支付利息外通常还需支付承诺费、管理费、代理费等。⑦企业债券。筹资对象广、市场大，发债条件严格、手续复杂，利率低于银行贷款利率但发行费用较高，须经过批准。⑧短期融资券。具有筹资成本低、筹资数额和风险较大、弹性较小等特点，须按规定的条件和程序发行。⑨国际债券。主要有外国债券和欧洲债券。资金规模巨大、稳定、借款时间较长，发债条件严格、信用要求高、筹资成本高、手续复杂。⑩融资租赁。适用于以购买设备为主的投资项目

2.3.6　既有法人内部融资和准股本资金。

1．既有法人内部融资。

（1）建设项目采用既有法人融资方式，既有法人的资产（包括现金资产和非现金资产）也是项目建设资金的来源之一。企业现有资产的形成主要来源于三个方面：①企业股东过去投入的资本金；②企业对外负债的债务资金；③企业经营所形成的净现金流量。对于企业的某一项具体资产来说，我们无法确定它是资本金形成的，还是债务资金形成的。当企业采用既有法人融资方式，以企业的资产或资产变现获得的资金，投资于本企业的改扩建项目时，我们同样不能确定其属性是资本金，还是债务资金。但当A企业以现有资产投资于另一个具有独立法人资格的B项目（企业）时，对B项目（企业）来说，A企业投入的资产，应视为资本金。

（2）既有法人内部融资的渠道和方式

1）可用于项目建设的货币资金。包括：企业现有的库存现金和银行存款，扣除必要的日常经营所需的货币资金后的剩余部分；在拟建项目的建设期内，企业在经营活动中获得的净现金节余，可以抽出一部分用于项目建设。

2）资产变现的资金。指既有法人将动产（包括存货、应收账款等）、长期投资（包括长期股权投资和长期债权投资）和固定资产变现为现金的资金。

3）资产经营权变现的资金。指既有法人可以将其所属资产经营权的一部分或全部转让，取得现金用于项目建设。

4）直接使用非现金资产。既有法人的非现金资产（包括实物、工业产权、非专利技术、土地使用权等）适用于拟建项目的，经资产评估可直接用于项目建设。当既有法人在改扩建项目中直接使用本单位的非现金资产时，其资产价值应计入“有项目”的项目总投资中，但不能计作新增投资。

2. 准股本资金。准股本资金是一种既具有资本金性质、又具有债务资金性质的资金。准股本资金主要包括优先股股票和可转换债券。

（1）优先股股票。优先股股票是一种兼具资本金和债务资金特点的有价证券。从普通股股东的立场看，优先股可视同一种负债；但从债权人的立场看，优先股可视同为资本金。优先股股票相对于其他债务融资，通常处于较后的受偿顺序，且股息在税后利润中支付，在项目评价中应视为项目资本金。

（2）可转换债券。可转换债券是一种可以在特定时间、按特定条件转换为普通股股票的特殊企业债券，兼有债券和股票的特性。可转换债券具有债权性、股权性和可转换性三个特点，在项目评价中应视为项目债务资金。

2.3.7 资金来源的可靠性、资金结构合理性、资金成本和融资风险分析

1. 资金来源的可靠性分析。资金来源可靠性分析应对投入项目的各类资金在币种、数量和时间要求上是否能满足项目需要进行下列几方面分析：

（1）既有法人内部融资的可靠性分析主要包括下列内容：

1）通过调查了解既有企业资产负债结构、现金流量状况和盈利能力，分析企业的财务状况、可能筹集到并用于拟建项目的现金数额及其可靠性。

2）通过调查了解既有企业资产结构现状及其与拟建项目的关联性，分析企业可能用于拟建项目的非现金资产数额及其可靠性。

（2）项目资本金的可靠性分析主要包括下列内容：

1）采用既有法人融资方式的项目，应分析原有股东增资扩股和吸收新股东投资的数额及其可靠性。

2）采用新设法人融资方式的项目，应分析各投资者认缴的股本金数额及其可靠性。

3）采用上述两种融资方式，如通过发行股票筹集资本金，应分析其获得批准的可能性。

（3）项目债务资金的可靠性分析主要包括下列内容：

1）采用债券融资的项目，应分析其能否获得国家有关主管部门的批准。

2）采用银行贷款的项目，应分析其能否取得银行的贷款承诺。

3）采用外国政府贷款或国际金融组织贷款的项目，应核实项目是否列入利用外资备选项目。

2. 资金结构合理性分析。资金结构合理性分析系指对项目资本金与项目债务资金、项目资本金内部结构以及项目债务资金内部结构等资金比例合理性的分析。

（1）项目资本金与项目债务资金比例应符合下列要求：

1）符合国家法律和行政法规规定。

2）符合金融机构信贷规定及债权人有关资产负债比例的要求。

3）满足权益投资者获得期望投资回报的要求。

4）满足防范财务风险的要求。

（2）项目资本金结构应符合下列要求：

1）根据投资各方在资金、技术和市场开发方面的优势，通过协商确定各方的出资比例、出资形式和出资时间。

2）采用既有法人融资方式的项目，应合理确定既有法人内部融资和新增资本金在项目融资总额中所占的比例，分析既有法人内部融资及新增资本金的可能性与合理性。

3）国内投资项目，应分析控股股东的合法性和合理性；外商投资项目，应分析外方出资比例的合法性和合理性。

（3）项目债务资金结构应符合下列要求：

1）根据债权人提供债务资金的条件（包括利率、宽限期、偿还期及担保方式等）合理确定各类借款和债券的比例。

2）合理搭配短期、中长期债务比例。

3）合理安排债务资金的偿还顺序。

4）合理确定内债和外债的比例。

5）合理选择外汇币种。

6）合理确定利率结构。

3. 资金成本分析。资金成本分析应通过计算权益资金成本、债务资金成本及加权平均资金成本，分析项目使用各种资金所实际付出的代价及其合理性，为优化融资方案提供依据。具体计算和分析应符合下列要求：

（1）权益资金成本可采用资本资产定价模型、税前债务成本加风险溢价法和股利增长模型等方法进行计算，也可直接采用投资方的预期报酬率或既有企业的净资产收益率。

（2）债务资金成本应通过分析各种可能的债务资金的利率水平、利率计算方式（固定利率、浮动利率）、计息（单利、复利）和付息方式，以及宽限期和偿还期，计算债务资金的综合利率，并进行不同方案比选。

（3）在计算各种债务资金成本和权益资金成本的基础上，再计算整个融资方案的加权平均资金成本。资金成本计算公式见表4。

表4　资金成本计算公式表

项　目	计算公式
资金成本	$资金成本率=\frac{资金占用费}{筹集资金总额-资金筹集费}\times 100\%$ 或： $资金成本率=\frac{资金占用费}{筹集资金总额\times（1-筹资费用率）}\times 100\%$

续表4

项　　目	计 算 公 式
债务资金成本	含筹资费用的税后债务资金成本的表达式为： $$P_0(1-F)=\sum_{t=1}^{n}\frac{P_t+I_t(1-T)}{(1+K_d)^t}$$ 式中　P_0——债券发行额或长期借款金额，即债务现值； F——债务资金筹资费用率； I_t——约定的第 t 期末支付的债务利息； P_t——约定的第 t 期末偿还债务本金； K_d——所得税后债务资金成本； T——所得税率； n——债务期限，通常以年表示
权益资金成本	采用资本资产定价模型法，计算公式为： $$K_s=R_f+\beta(R_m-R_f)$$ 式中　K_s——权益资金成本； R_f——社会无风险投资收益率； β——项目的投资风险系数； R_m——市场投资组合预期收益率。 2．采用税前债务成本加风险溢价法，计算公式为： $$K_s=K_b+RP_c$$ 式中　K_s——权益资金成本； K_b——所得税前的债务资金成本； RP_c——投资者比债权人承担更大风险所要求的风险溢价。 3．采用股利增长模型法，计算公式为： $$K_s=\frac{D_1}{P_o}+G$$ 式中　K_s——权益资金成本； D_1——预期年股利额； P_o——普通股市价； G——普通股利年增长率
加权平均资金成本	加权平均资金成本计算公式为： $$K_w=\sum_{j=1}^{n}K_jW_j$$ 式中　K_W——加权平均资金成本； K_j——第 j 种个别资金成本； W_j——第 j 种个别资金成本占全部资金的比重（权数）

4．融资风险分析。为减少融资风险损失，对融资方案实施中可能存在的资金供应风险、利率风险和汇率风险等风险因素应进行评价，并提出防范风险的对策。融资风险中应

重点考虑下列风险因素：

（1）资金供应风险。主要包括：①已承诺出资的股本投资者由于出资能力有限（或者由于拟建项目的投资效益缺乏足够的吸引力）而不能（或不再）兑现承诺；②原定发行股票、债券计划不能实现；③既有企业法人由于经营状况恶化，无力按原计划出资。为防范资金供应风险，在选择股本投资者时，应当选择资金实力强、既往信用好、风险承受能力强的投资者。

（2）利率风险。利率水平随金融市场情况而变动，未来市场利率的变动会引起项目资金成本发生变动。为了防范利率风险，应对未来利率的走势进行分析，以确定采用固定利率还是浮动利率。

（3）汇率风险。使用外汇贷款的项目，未来汇率的变化会引起项目资金成本发生变动以及未来还本付息费用支出的变动。为防范汇率风险，使用外汇数额较大的项目应对人民币的汇率走势、所借外汇币种的汇率走势进行分析，以确定借用何种外汇币种以及采用何种外汇币种结算。一般情况下应尽量借用软货币。

2.4 成本和费用

2.4.1 煤炭建设项目投资决策阶段成本费用估算推荐采用费用要素法。

经营成本是建设项目经济评价中所使用的特定概念，是项目生产期的主要现金流出，一般应逐年估算，或估算具有代表性年份数据。

煤炭采、选企业产品有毛煤、原煤、选后产品煤之分。成本费用估算时，矿井、露天矿以产出原煤量为估算对象，选煤厂以处理原煤量或选煤产品量为估算对象。

2.4.2 在矿井或露天矿达产前年份，一方面由于生产初期工人操作不熟练，管理人员业务没有步入正轨等原因，而使单位可变成本提高；另一方面生产初期（达产前）有些固定费用尚未发生，而使固定总成本降低。因此，计算达产前年度经营成本时，应以达产年经营成本为基础用系数调整，使达产前年度经营成本计算更加准确。

2.4.3、**2.4.4** 矿区项目和集团项目的成本估算应为该矿区内矿井、露天矿、选煤厂、自备电厂、焦化厂、矿区自营铁路及其他辅助、附属企业等建设项目的成本费用之和，应注意项目内部之间相互提供的产品或服务不计为项目的成本费用。矿井（露天矿）、选煤厂以外的非煤项目成本估算按照相应行业的有关规定执行。

2.5 销售收入

2.5.1 销售收入估算。

销售收入估算应分析、确认煤炭产品的市场预测分析数据，特别要注意目标市场有效需求的分析；说明项目建设规模、产品方案；分析产品的价格，采用的价格基点、价格体系、价格预测方法；论述采用价格的合理性。

生产期各年产品的数量应根据设计产品方案、市场需求、产品的寿命期增减变化等因素，结合项目特点，通过制定生产计划合理确定。

煤炭产品的销售收入是现金流量表中现金流入的主体，也是利润与利润分配表的主要科目。销售收入是财务分析的重要数据，其估算的准确性极大地影响着项目财务效益的估计。

1. 销售收入估算的基础数据，包括煤炭产品的品种、数量和价格，都与市场预测密切相关。在估算销售收入时应对市场预测的相关结果以及项目建设规模、产品种类、数量进行概括的描述或确认，特别应对采用价格的合理性进行说明。

2. 煤炭建设项目评价中销售收入的估算基于一项重要假定，即当期的产出当期全部销售，也就是当期销售量等于当期煤炭产量。主、副产品（或不同等级产品）的销售收入应全部计入销售收入。

分年煤炭产品产出量的确定不应是固定的模式，应强调具体项目具体分析。受劳动力的熟练程度、劳动力对新作业环境和新机器设备的熟悉程度、机器设备对工作环境的适应程度和两个及以上采煤工作面分步投产等因素的影响，一般投产初期时产品产出量较低，以后各年逐步提高，直到达到设计生产能力，提高的幅度和达产时间取决于上述因素的分析结果。

3. 销售收入是纳税人向购买方收取的全部价款和价外费用。价外费用包括价外向购买方收取的手续费、补贴、各种基金、奖励费、违约金、包装费、优质费、运输装卸费、代收代垫款项及其他各种性质的价外收费。计算价外收费时，应注意销售收入和总成本费用的计算范围、价格体系对应一致。

4. 产品销售量应根据拟建项目推荐的生产规模和产品方案确定。矿区项目和集团项目的产品主要是原煤、洗选加工后的品种煤及矿区内电厂、焦化厂、矿区机电修理厂等其他企业生产的进入商品市场的产品。如矿区内有自营铁路、公路等，则应计算其运营收入。矿井（或含选煤厂）、露天矿（或含选煤厂）、选煤厂项目包括的铁路专用线不足5km时，其运营收入可忽略不计。

5. 项目可能获得的补贴收入和对外服务收入作为项目收入。

2.5.2～2.5.6 煤炭产品销售价格预测的原则。

煤炭产品销售价格的预测，应以市场供需情况、目标市场、产出品的种类和质量为基础，以出厂价计算，预测时应遵循科学性、谨慎性原则。

2.6 税金

2.6.2 资源税。

资源税按照从量征收的方式征收，课税数量为纳税人销售和自用的原煤数量，不包括洗煤及其他煤炭制品。单位税额为煤炭每吨资源税额，各地区的吨煤资源税额按《中华人民共和国资源税暂行条例实施细则》（〔1993〕财法字第043号）及近年相关文件执行，详见表5。

表5 资源税单位税额

序号	区域名称	税额（元/t)	批 准 文 号
1	北京市		
	北京矿务局	0.50	财政部（1993）财法字第043号
	其他煤矿	0.60	
2	浙江省	0.50	财政部（1993）财法字第043号

续表 5

序号	区域名称	税额（元/t）	批准文号
3	山西省	3.20	财政部、国家税务总局财税〔2004〕187 号
4	青海省	2.30	
5	河南省		财政部、国家税务总局财税〔2005〕79 号
	焦作矿务局	3.00	
	鹤壁矿务局	3.00	
	义马矿务局	2.50	
	其他煤矿	4.00	
6	安徽省	2.00	财政部、国家税务总局财税〔2005〕80 号
7	宁夏回族自治区	2.30	财政部、国家税务总局财税〔2005〕81 号
8	重庆市	2.50	财政部、国家税务总局财税〔2005〕82 号
9	贵州省	2.50	财政部、国家税务总局财税〔2005〕83 号
10	云南省		财政部、国家税务总局财税〔2005〕84 号
	曲靖市富源县	3.00	
	省内其他地区	2.50	
11	福建省	2.50	财政部、国家税务总局财税〔2005〕85 号
12	山东省	3.60	财政部、国家税务总局财税〔2005〕86 号
13	湖北省	3.00	财政部、国家税务总局财税〔2005〕169 号
14	湖南省	2.50	财政部、国家税务总局财税〔2005〕170 号
15	广东省	3.60	财政部、国家税务总局财税〔2005〕171 号
16	内蒙古自治区	3.20	财政部、国家税务总局财税〔2005〕172 号
17	江西省	2.50	财政部、国家税务总局财税〔2006〕37 号
18	江苏省	2.50	财政部、国家税务总局财税〔2006〕38 号
19	陕西省	3.20	财政部、国家税务总局财税〔2006〕39 号
20	黑龙江省	2.30	财政部、国家税务总局财税〔2006〕40 号
21	甘肃省	3.00	财政部、国家税务总局财税〔2006〕106 号
22	吉林省	2.50	财政部、国家税务总局财税〔2006〕131 号
23	四川省	2.50	财政部、国家税务总局财税〔2006〕136 号
24	河北省	3.00	财政部、国家税务总局财税〔2006〕137 号
25	辽宁省	2.80	财政部、国家税务总局财税〔2006〕138 号
26	广西壮族自治区	3.00	财政部、国家税务总局财税〔2006〕161 号
27	新疆维吾尔自治区	3.00	财政部、国家税务总局财税〔2009〕26 号
28	焦煤（主焦煤）	8.00	财政部、国家税务总局财税〔2007〕15 号

3 经济费用效益分析

3.1 经济费用效益分析方法

3.1.1 煤炭建设项目经济费用效益分析方法。

煤炭建设项目经济费用效益分析方法遵照《方法与参数》第三版有关规定，项目经济费用效益分析采用社会折现率对未来经济效益和经济费用流量进行折现，包括不能货币化的效果均可根据需要予以折现。

社会折现率是用以衡量资金时间经济价值的重要参数，代表资金占用的机会成本，并且用作不同年份之间资金价值换算的折现率。社会折现率应根据经济发展的实际情况、投资效益水平、资金供求状况、资金机会成本、社会成员的费用效益时间偏好以及国家宏观调控目标取向等因素进行综合分析测定。社会折现率不考虑通货膨胀因素的影响。

3.1.2 识别和估算经济费用和经济效益，编制经济费用效益流量表，计算经济费用效益分析指标。

1. 直接进行经济费用效益流量的识别和计算，基本步骤如下：

（1）对于项目的各种投入物，应按照机会成本的原则计算其经济价值。

（2）识别项目产出物可能带来的各种影响效果。

（3）对于具有市场价格的产出物，以市场价格为基础计算其经济价值。

（4）对于没有市场价格的产出效果，应按照支付意愿及接受补偿意愿的原则计算其经济价值。

（5）对于难以进行货币量化的产出效果，应尽可能地采用其他量纲进行量化。难以量化的，进行定性描述，以全面反映项目的产出效果。

2. 在财务分析基础上进行经济费用效益流量的识别和计算，基本步骤如下：

（1）剔除财务现金流量中的通货膨胀因素，得到以实价表示的财务现金流量。

（2）剔除生产期财务现金流量中不反映真实资源流量变动状况的转移支付因素。

（3）用影子价格和影子汇率调整建设投资各项组成，并剔除其费用中的转移支付项目。

（4）调整流动资金，将流动资产和流动负债中不反映实际资源耗费的有关现金，应收、应付、预收、预付款项，从流动资金中剔除。

（5）调整经营费用，用影子价格调整材料费、燃料及动力费用、职工薪酬等。

（6）调整销售收入，对于具有市场价格的产出物，以市场价格为基础计算其影子价格；对于没有市场价格的产出效果，以支付意愿或接受补偿意愿的原则计算其影子价格。

（7）对于可货币化的外部效果，应将货币化的外部效果计入经济效益费用流量；对于难以进行货币化的外部效果，应尽可能地采用其他量纲进行量化。难以量化的，进行定性描述，以全面反映项目的产出效果。

3. 如果项目的经济费用和效益能够进行货币化，应在费用效益识别和计算的基础上，编制经济费用效益流量表，计算经济费用效益分析指标。

4. 对于效益难于货币化的项目，应采用费用效果分析方法；对于费用和效益难于量化的项目，应进行定性经济费用效益分析。

（1）经济费用效益分析的主要方法包括：

1）经济费用效益比较的分析方法，如经济费用效益分析方法（*CBA*）和经济费用效果分析方法（*CEA*）。

2）多准则分析方法（*MCA*），将项目视为多目标的投资决策问题，将经济费用效益分析纳入多目标决策的框架体系中。

3）定性分析方法，对项目的各种经济影响进行全面陈述，为投资决策提供依据。

其他还有总费用分析法、完全费用效益分析法及项目周期费用分析法等。

（2）对于煤炭建设项目的经济费用效益分析，原则上应尽可能地采用费用效益分析方法。对于效益难以进行货币量化的项目，应尽可能地采用非货币的量纲进行量化，采用费用效果分析的方法对项目建设方案进行经济合理性评价。对于效益和费用均难以量化的项目，应进行定性经济费用效益分析。

（3）项目影响效果的量化分析。经济费用效益分析应尽可能地对项目的产出进行货币量化，以便为政府投资决策及对企业项目的核准提供必要的依据。如果难以完全货币量化，应做到：

1）全面列举货币化的或不能货币化的各类效益和费用，以便对项目的经济影响进行全面评价。

2）对于一些效益和费用虽然难以赋予其货币价值，但应尽可能地予以物理量化，以便为方案比选等其他分析提供经过量化的依据。

3）对于项目效果难以进行货币量化，在项目效益一定的情况下，应采用费用效果分析的方法，计算项目寿命周期费用现值，选择费用现值最低的项目方案。对于费用相同而效益不同的项目，应通过计算效益的现值，选择接受效益现值最大的备选方案。

3.1.3 经济费用效益分析的对策建议。

经济费用效益分析一方面应从资源优化配置的角度，分析项目投资的经济合理性，另一方面应通过财务分析和经济费用效益分析结果的对比，分析市场的扭曲情况，判断政府公共投资是否有必要介入本项目的投资建设，并为改善本项目的财务状况、进行政策调整提出分析意见。因此，在建设项目的经济费用效益分析中，必须重视对策建议的分析。

1. 经济费用效益分析强调以受益者支付意愿原则测算项目产出效果的经济价值。

2. 通过财务现金流量与经济费用效益流量的对比分析，判断二者出现的差异及其原因，分析项目所在行业存在的导致市场失灵的现行政策，提出纠正政策干预失当、改革现行政策法规制度、提高部门效率的政策建议。

3. 通过项目费用及效益在不同利益相关者之间分布状况的分析，评价项目对不同利益相关群体的影响程度，分析项目利益相关群体受益及受损状况的经济合理性。

3.1.5 煤炭建设项目环境影响经济分析。

环境影响是指全部或部分组织的活动、产品或服务给环境造成的任何有益或有害的变化。其中一些变化可以通过剂量—反应关系进行量化。

环境问题已成为制约人类社会可持续发展的重要因素，愈来愈受到人们的关注。煤炭建设项目对环境及生态有一定负面影响，从社会整体角度对这些影响进行识别，并尽可能地对环境成本与效益进行量化，在可行的情况下赋予其经济价值，并纳入整个项目经济费用效益分析的框架体系之中，对于全面审视煤炭建设项目的费用和效益具有十分重要的意义。

1. 剂量—反应关系的概念。大多数环境影响经济分析方法的应用是以剂量—反应关系（dose - response function，DRF）为基础的。剂量—反应关系是通过一定的手段来估计环境变化给受者带来的影响的物理效果，如空气污染造成的材料腐蚀、酸雨带来的农作物产量的变化、水和空气污染对人体健康的影响等。剂量反应关系所量度的是环境条件强度与对受体可测影响之间的关系。确定剂量—反应关系的目的在于建立环境损害（反应）和造成损害的原因比如污染（剂量）之间的关系；评价在一定的污染水平下产品或服务产出的变化，并进而通过市场价格（或影子价格）对这种产出的变化进行价值评估。

2. 环境影响的分类。

（1）按照影响的来源可以分为直接影响、间接影响和累积影响。直接影响与人类活动在时间上同时，在空间上同地。间接影响在时间上推迟，在空间上较远，但是其在可合理预见的范围内。直接影响一般比较容易测定，而间接影响则不太容易测定。累积影响是指一项活动的过去、现在及可以预见的将来的影响具有累积性质，或多项活动对同一地区可能叠加的影响。

（2）按照受影响对象的损益角度进行划分，可以分为有利影响和不利影响。有利影响是指对人群健康、社会经济发展或其他环境的状况和功能有积极的促进作用的影响；反之，对人群健康有害，或对社会经济发展或其他环境状况有消极阻碍或破坏作用的影响，则为不利影响。

（3）按照影响的性质可以划分为可恢复的影响和不可恢复的影响。可恢复的影响是指人类活动造成的环境某些特性改变或某种价值丧失后可能恢复。一般认为，在环境承载力范围内对环境造成的影响是可恢复的，超出了环境承载力范围，则为不可恢复影响。

另外，环境影响还可以分为短期影响和长期影响，地方、区域影响或国家和全球影响，建设阶段影响和运行阶段影响等。

3. 环境影响经济评价的基本要素。

（1）评价主体。环境影响经济评价工作必须由相应的评估人员操作。

（2）评价目的。环境影响经济评价的目的必须十分明确，即必须清楚为什么进行环境影响经济评价。

（3）评价标准。环境影响经济评价必须执行统一的标准，这些标准主要是剂量—反应关系标准、价格标准和时间标准。

（4）评价程序。环境影响经济评价必须按照一定的程序进行，不能随意进行。

（5）评价方法。目前采用的方法主要是直接市场评价法、替代市场评价法和非市场评价法，这些方法是在理论和实践经验总结的基础上形成的，具有一定的科学性。

（6）评价客体。即环境影响经济评价的对象。

4．环境资源的直接使用价值、间接使用价值、选择价值、存在价值和总经济价值。

（1）直接使用价值（Direct User Value，DUV）。是指环境资源直接满足人们生产和消费需要的价值，体现为环境资源对目前的生产和消费所带来的直接贡献，一般表现为环境资源的物质性服务功能所具有的价值。

（2）间接使用价值（Indirect User Value，IUV）。是指环境资源间接满足人们生产和消费需要的价值。例如，环境资源所提供的营养循环、水域保护、减少空气污染、小气候调节等生态服务功能，虽然不能直接进入生产和消费过程，但却为生产和消费的正常进行创造了必要的条件，都属于间接使用价值的范畴。

（3）选择价值（Option Value，OV）。是指人们赋予一种资产的超出其目前实际使用价值的价值。人们有时不能确定某种资产未来的可获得性及其所产生服务的价值。如果现在永久性地丧失这种资产，人们就会丧失未来利用该资产为自身造福的选择，这就意味着自己的福利（或社会福利）水平的降低。为了保留未来需要时能够使用该资产的选择，或者为了避免未来需要时无法获得该资产的风险，人们愿意为它支付高于目前价值的价值，此即所谓的"选择价值"。

（4）存在价值（Existence Value，EV）。是一种与任何使用方式都没有关系的价值，与物种生存的必要性、环境伦理、人类道德和人类认识的不确定性等因素有关，用于反映人类为了某种环境物种能够生存下去所愿意支付的价值。

（5）环境资源的总经济价值（Total Economic Value，TEV）。等于它的直接使用价值、间接使用价值、选择价值与存在价值之和，即：

$$TEV = DUV + IUV + OV + EV \tag{10}$$

式中，DUV、IUV 和 OV 属于使用价值，EV 属于非使用价值。其中，DUV 作为直接使用价值是可以经由市场直接估算的，而 IUV（现时的间接使用价值）和 OV（未来的使用价值），由于是非直接使用的价值，基本上不能由市场直接表达。

5．建设项目环境影响货币量化分析的主要方法。

（1）直接市场法。该类方法主要是观察项目所造成环境变化对市场上产品和服务数量和质量的变化和影响，然后用市场价格把这些变化换算成货币价值。在环境质量变化所影响到的产品和服务具有直接交易市场的情况下，直接市场评价方法是评价项目环境影响的最易于操作的方法。直接市场评价方法（Market - Based Method）中具体包括的评价方法有生产能力变动法、疾病成本法、人力资本法、机会成本法、重置成本法和重新安置成本法等。

（2）替代市场法。许多环境服务没有直接交易市场，因而也就没有市场价格，但能够找到可以替代的参照市场，利用替代市场的有关信息来间接地推断环境影响的经济价值。在这种情况下，可以采用替代市场法（Surrogate Market Approaches）来确定环境资源的经济价值。替代市场评价方法主要包括防护支出法、旅行费用法、替代产品法、内涵价值评价法和影子项目法等。

（3）非市场评价法。非市场评价法主要包括意愿调查评价法和成果参照法。

环境影响货币量化方法的选择受到多种因素的影响，包括被评价的对象、数据的可得性、时间和资金约束等。应综合考虑环境影响的性质和客观条件等多种因素，选择适当的方法将这些影响的费用和效益进行货币量化，并纳入到整个项目经济分析的框架体系中去。

6．建设项目环境影响经济分析空间范围和时间跨度的界定。

（1）建设项目环境影响经济分析的空间范围。对环境影响效果进行识别和分析的调查范围通常会远远超出项目自身的地理范围。在界定项目影响的空间范围时，分析人员必须与环境科技人员密切合作，采用目前环境影响评价的程序和方法，对各种影响进行调查、测量、跟踪、监控和分析，并且运用自己的专业经验进行判断，根据不同项目的具体情况，确定出经济分析需要考虑的环境影响空间范围。

（2）建设项目环境影响经济分析的时间跨度。应将环境影响经济分析的时间界限扩展到可以将与环境影响有关的所有费用和效益都包含进来。如果时间区间选择得太短，就会忽略很多环境影响，包括有利影响和不利影响。因此，同样需要分析人员与环境科技人员共同科学确定项目环境影响的时间跨度。如果影响的时间跨度不超过项目的寿命期，可按正常程序赋予预计造成的费用或产生的效益适当的货币价值，然后计入项目的经济费用效益流量。如果预计影响的时间跨度超出项目的寿命期，可采用两种方法处理：一是按超出部分的时间（年限）延长项目的计算期；二是把超出部分的货币化价值折算到项目的最后一年，计入项目的费用效益流量表。

3.1.6 建设项目环境影响经济分析的步骤。

理论上，环境影响的经济分析按以下四个步骤来进行，在实践中有些步骤可以合并操作：

第一步，筛选煤炭建设项目产生的环境影响；

第二步，量化环境影响；

第三步，评估环境影响的货币化价值；

第四步，将货币化的环境影响价值纳入项目的经济分析。

1．筛选煤炭建设项目产生的环境影响。

需要筛选环境影响，因为并不是所有环境影响都需要或可能进行经济分析，一般从以下四个方面来筛选环境影响：

筛选一：影响是否已被控抑。环境影响的经济分析只考虑项目未被控抑的影响。按项目设计已被环境保护措施治理掉的影响可以被排除。

筛选二：影响是小的或不重要的。环境影响的经济分析主要关注大的、重要的环境影响。环境影响的大小轻重，需要评价者作出判断。

筛选三：影响是否不确定或过于敏感。有些影响可能是比较大的，但也许这些环境影响本身是否发生存在很大的不确定性，或人们对该影响的认识存在较大的分歧，这样的影响将被排除。另外，对有些环境影响的评价可能涉及某些过于敏感因素，这些影响也将不再进一步做经济分析。

筛选四：影响能否被量化和货币化。由于认识上、时间、数据、评估技术上或者经费等限制，有些大的环境影响难以定量化，有的环境影响难以货币化，这些影响将被筛选出去，不再对它们进行经济分析。

经过筛选过程后，全部环境影响将被分成三大类，一类环境影响是被剔除、不再做任何分析的影响，如那些小的环境影响以及能被控抑的影响等；另一类环境影响是需要做定性说明的影响，如那些大的但可能很不确定的影响、显著但难以量化的影响等；最后一类环境影响就是那些需要并且能够量化和货币化的影响。

2. 环境影响的量化。环境影响的量化，应该在环境影响评价的前面阶段已经完成。

3. 环境影响的价值评估。对量化的环境影响进行货币化的过程是环境影响经济分析中最关键的一步，也是环境影响经济分析的核心。具体的环境价值评估方法，即前述的环境影响货币量化的几种主要方法。

4. 将环境影响货币化价值纳入项目经济分析。环境影响经济分析的最后一步，是将环境影响的货币化价值纳入项目的整体经济费用效益当中去，以判断项目的这些环境影响将在多大程度上影响项目、规划或政策的可行性。

我国目前尚无政府机构关于建设项目环境影响经济分析的指南或手册等研究成果发表，对于广大的项目评价人员来说，建设项目环境影响的经济分析还属于比较陌生的领域，并且环境影响的经济分析不仅需要相关专业人员配合，而且需要大量的统计和研究实验数据支撑，因此煤炭建设项目环境影响经济分析通常宜做专题研究。

3.2 经济费用与效益的识别和估算

3.2.1 经济费用效益分析的意义和目的。

1. 经济费用效益分析的意义。在加强和完善宏观调控，建立社会主义市场经济体制的过程中，应重视煤炭建设项目的经济费用效益分析。

(1) 经济费用效益分析是煤炭建设项目评价体系的重要组成部分，市场分析、技术方案分析、财务分析、环境影响分析、组织机构分析和社会评价都不能代替经济费用效益分析的功能和作用。

(2) 在新的投资体制下，国家对煤炭建设项目核准重点放在项目的外部效果、公共性方面，经济费用效益分析强调从资源配置经济效率的角度分析项目的外部效果，通过费用效益分析及费用效果分析的方法判断建设项目的经济合理性，是政府核准项目的重要依据。

2. 经济费用效益分析的目的。要求从资源合理配置的角度，分析煤炭建设项目投资的经济效率和对社会福利所作出的贡献，评价项目的经济合理性。

3.2.3 经济费用与效益的识别与估算。

1. 遵循有无对比的原则。煤炭建设项目的经济费用效益分析应建立在增量效益和增量费用识别和计算的基础之上，不应考虑沉没成本和已实现的效益。应按照“有无对比”增量分析的原则，通过项目的实施效果与无项目情况下可能发生的情况进行对比分析，作为计算机会成本或增量效益的依据。

2. 对项目所涉及的所有成员及群体的费用和效益做全面分析。分析体现在项目实体本身的直接费用和效益，以及项目引起的其他组织、机构或个人发生的各种外部费用和效益。

3. 正确识别正面和负面外部效果，防止误算、漏算或重复计算。应对项目外部效果的识别是否适当进行评估，防止漏算或重复计算。对于项目的投入或产出可能产生的第二级乘数波及效应，在经济费用效益分析中一般不予考虑。

4. 合理确定效益和费用的空间范围和时间跨度。通常以本国居民作为分析对象的原则。对于跨越国界，对本国之外的其他社会成员产生影响的项目，应重点分析对本国公民新增的效益和费用。项目对本国以外的社会群体所产生效果，应进行单独陈述。时间范围应包含项目所产生的全部重要费用和效益，而不应仅根据有关财务核算规定确定。如财务分析的计算期可根据投资各方的合作期进行计算，而经济费用效益分析不受此限制。

5．正确识别和处理转移支付，根据不同情况区别对待。转移支付代表购买力的转移行为，接受转移支付的一方所获得的效益与付出方所产生的费用相等，转移支付行为本身没有导致新增资源的发生。在经济费用效益分析中，税赋、补贴、借款和利息属于转移支付，一般在进行经济费用效益分析时，不得再计算转移支付的影响。

一些税收和补贴可能会影响市场价格水平，导致包括税收和补贴的财务价格可能并不反映真实的经济成本和效益。在进行经济费用效益分析中，转移支付的处理应区别对待：

（1）剔除企业所得税或补贴。

（2）一些税收、补贴或罚款往往是用于校正项目“外部效果”的一种重要手段，这类转移支付不可轻易剔除，可以用于计算外部效果。

（3）项目投入与产出中流转税应具体问题具体处理。

3.2.4 经济费用与效益计算遵循的原则

经济效益的计算应遵循支付意愿（WTP）原则和（或）受偿意愿（WTA）原则，经济费用的计算应遵循机会成本原则。在利益相关者分析的基础上，研究在特定的社会经济背景条件下相关利益主体获得的收益及付出的代价，计算项目相关的费用和效益。

1．支付意愿原则。项目产出物正面效果的计算遵循支付意愿（WTP）原则，用于分析社会成员为项目所产出的效益愿意支付的价值。

2．受偿意愿原则。项目产出物负面效果的计算遵循接受补偿意愿（WTA）原则，用于分析社会成员为接受这种不利影响所得到补偿的价值。

3．机会成本原则。项目投入的经济费用的计算应遵循机会成本原则，用于分析项目所占用的所有资源的机会成本。机会成本应按资源的其他最有效利用所产生的效益进行计算。

4．实际价值计算原则。项目经济费用效益分析应对所有费用和效益采用反映资源真实价值的实际价格进行计算，不考虑通货膨胀因素的影响，但应考虑相对价格变动。

3.2.5 经济费用与效益分析的价格体系。

经济效益和费用应采用反映真实经济价值的影子价格计算，可直接识别和估算，也可通过调整财务效益和财务费用得到。

影子价格的测算在煤炭建设项目的经济费用效益分析中占有重要地位。考虑到我国仍然是发展中国家，整个经济体系还没有完成工业化过程，国际市场和国内市场的完全融合仍然需要一定时间等具体情况，将投入物和产出物区分为外贸货物和非外贸货物，并采用不同的思路确定其影子价格。

1．对于具有市场价格的投入和产出，影子价格的计算应符合下列要求：

（1）可外贸货物的投入或产出的影子价格应根据口岸价格计算，以反映其价格取值具有国际竞争力，按下列公式计算：

1）出口产品的影子价格（出厂价）＝离岸价（FOB）×影子汇率－出口费用 （11）

2）进口投入的影子价格（到厂价）=到岸价（CIF）×影子汇率+进口费用　(12)

离岸价（FOB）是指出口货物运抵我国出口口岸交货的价格，到岸价（CIF）是指进口货物运抵我国进口口岸交货的价格，包括货物进口的货价、运抵我国口岸之前所发生的境外的运费和保险费。

（2）对于非外贸货物，其投入或产出的影子价格应根据下列要求计算：

1）如果项目处于竞争性市场环境中，应采用市场价格作为计算项目投入或产出的影子价格的依据。

2）如果项目的投入或产出的规模很大，项目的实施将足以影响市场价格，导致“有项目”和“无项目”两种情况下市场价格不一致，在项目评价中，取二者的平均值作为测算影子价格的依据。

（3）影子价格中流转税（如消费税、营业税等）宜根据产品在整个市场中发挥的作用不同，分别计入或不计入影子价格。处理原则如下：

1）对于产出品，增加供给满足国内市场供应的，影子价格按支付意愿确定，含流转税；顶替原有市场供应的，影子价格按机会成本确定，不含流转税。

2）对于投入品，用新增供应来满足项目的，影子价格按机会成本确定，不含流转税；挤占原有用户需求来满足项目的，影子价格按支付意愿确定，含流转税。

3）在不能判别产出或投入是增加供给还是挤占（替代）原有供给的情况下，可简化处理为：产出的影子价格一般包含实际缴纳流转税，投入的影子价格一般不含实际缴纳流转税。

2. 如果项目的产出效果不具有市场价格，应遵循消费者支付意愿和（或）接受补偿意愿的原则，按下列方法测算其影子价格：

（1）采用“显示偏好”的方法，通过其他相关市场价格信号，间接估算产出效果的影子价格。

按照消费者支付意愿的原则，通过其他相关市场价格信号，按照“显示偏好”的方法，寻找揭示这些影响的隐含价值，对其效果进行间接估算。如项目的外部效果导致关联对象产出水平或成本费用的变动，通过对这些变动进行客观量化分析，作为对项目外部效果进行量化的依据。

（2）利用“陈述偏好”的意愿调查方法，分析调查对象的支付意愿或接受补偿的意愿，推断出项目影响效果的影子价格。

根据意愿调查评估法，按照“陈述偏好”的原则进行间接估算。一般通过对被评估者的直接调查，直接评价调查对象的支付意愿或接受补偿的意愿，从中推断出项目造成的有关外部影响的影子价格。应注意调查评估中可能出现的以下偏差：

1）调查对象相信他们的回答能影响决策，从而使他们实际支付的私人成本低于正常条件下的预期值时，调查结果可能产生的策略性偏倚。

2）调查者对各种备选方案介绍得不完全或使人误解时，调查结果可能产生的资料性偏倚。

3）问卷假设的收款或付款方式不当，调查结果可能产生的手段性偏倚。

4）调查对象长期免费享受环境和生态资源等所形成的“免费搭车”心理，导致调查对象将这种享受看作是天赋权利而反对为此付款，从而导致调查结果的假想性偏倚。

3.2.6 特殊投入物的影子价格。

1. 特殊投入物的影子价格按下列方法计算：

（1）项目因使用劳动力所付的薪酬，是项目实施所付出的代价。劳动力的影子工资等于劳动力机会成本与因劳动力转移而引起的新增资源消耗之和。

项目占用的人力资源，是项目实施所付出的代价。如果财务薪酬与人力资源的影子价格之间存在差异，应对财务薪酬进行调整计算，以反映其真实经济价值。

$$\text{人力资源投入的影子价格} = \text{劳动力机会成本} + \text{新增资源消耗} \tag{13}$$

1）劳动力机会成本是拟建项目占用的人力资源由于在本项目使用而不能再用于其他地方或享受闲暇时间而被迫放弃的价值，应根据项目所在地的人力资源市场及劳动力就业状况，按下列原则进行分析确定：

①过去受雇于别处，由于本项目的实施而转移过来的人员，其影子工资应是其放弃过去就业机会的薪酬及支付的税金之和。

②对于自愿失业人员，影子工资应等于本项目的使用所支付的税后净薪酬额，以反映边际工人投入到劳动力市场所必须支付的金额。

③非自愿失业劳动力的影子工资应反映他们为了工作而放弃休闲愿意接受的最低薪酬金额，其数值应低于本项目的使用所支付的税后净薪酬并大于支付的最低生活保障收入。当缺少信息，可以按非自愿失业人员接受的最低生活保障收入和税后净薪酬额的平均值近似测算。

2）新增资源耗费是指劳动力在本项目新就业或由其他就业岗位转移到本项目而发生的经济资源消耗，而这种消耗与劳动者生活水平的提高无关。在分析中应根据劳动力就业的转移成本测算。

（2）土地是一种重要的资源，项目占用的土地无论是否支付费用，均应计算其影子价格。项目所占用的农业、林业、牧业、渔业及其他生产性用地，其影子价格应按照其未来对社会可提供的消费产品的支付意愿及因改变土地用途而发生的新增资源消耗进行计算。项目所占用的住宅、休闲用地等非生产性用地，市场完善的，应根据市场交易价格估算其影子价格；无市场交易价格或市场机制不完善的，应根据支付意愿价格估算其影子价格。

1）生产性用地，主要指农业、林业、牧业、渔业及其他生产性用地，按照这些生产用地未来可以提供的产出物的效益及因改变土地用途而发生的新增资源消耗进行计算。即：

$$\text{土地的经济成本} = \text{土地机会成本} + \text{新增资源消耗} \tag{14}$$

其中，土地的机会成本应按照社会对这些生产用地未来可以提供的消费产品的支付意愿价格进行分析计算，一般按照项目占用土地在“无项目”情况下的“最佳可行替代用途”的生产性产出的净效益现值进行计算。

新增资源耗费应按照在“有项目”情况下土地的征用造成原有地上附属物财产的损失及其他资源耗费来计算。土地平整等开发成本应计入工程建设成本中，在土地经济成本估算中不再重复计算。

2）对于非生产性用地，如住宅、休闲用地等，应按照支付意愿的原则，根据市场交易价格测算其影子价格。

3）在经济费用效益分析中，应根据项目计算期内未来土地用途的可能变化，合理预测项目占用土地的影子价格。对土地机会成本的计算应按以下要求进行：

①通过政府公开招标取得的国有土地出让使用权，以及通过市场交易取得的已出让国有土地使用权，应按市场交易价格计算其影子价格。

②未通过正常市场交易取得的土地使用权，应分析价格优惠或扭曲情况，参照当地正常情况下的市场交易价格，调整或类比计算其影子价格。

③当无法通过正常市场交易价格类比确定土地影子价格时，应采用收益现值法或以土地开发成本加开发投资应得收益确定。

④由于土地开发规划许可的取得，会对土地市场价格产生影响，土地价值的估算应反映实际的或潜在的规划批准情况，应分析规划得到批准的可能性及其对地价的影响，如果土地用途受到限制，其影子价格就会被压低，应分析这些限制被解除的可能性，以及解除限制对土地价值的影响。

⑤项目征用农村用地，应按土地征用费调整计算其影子价格。其中耕地补偿费及青苗补偿费应视为土地机会成本，地上建筑物补偿费及安置补偿费应视为新增资源消耗。这些费用如果与农民进行了充分协商并获得认可，可直接按财务成本计算其影子价格；若存在征地费优惠，或在征地中没有进行充分协商，导致补偿和安置补助费低于市场定价，应按当地正常征地补偿标准调整计算土地的影子价格。

⑥在征地过程中收取的征地管理费、耕地占用税、耕地开垦费、土地管理费、土地开发费等各种税费，应视为转移支付，不列入土地经济费用的计算。

（3）探矿权、采矿权影子价格宜按市场价格确定。

2. 表现为节约和安全的项目的效益计算。

（1）效益表现为费用节约的项目。应根据“有无对比”分析，计算节约的经济费用，计入项目相应的经济效益。在计算中需要注意的几点：

1）按照“有无对比”原则，分析“有项目”和“无项目”两种情况下的费用变动趋势，尤其应重视对“无项目”情况下费用变动状况进行合理预测，通过增量分析估算费用节约的效益。

2）从整个项目周期费用的角度进行分析，既要分析初始建设投资费用，也应分析生产期费用。

3）从广义费用的角度进行分析，既要分析项目实体付出的费用，也要分析各种间接费用、次级波及费用；既要分析货币量化的费用，又要分析非货币化的费用。

4）在费用分析中应注意避免重复计算。

（2）表现为时间节约和安全改善的项目。对于表现为时间节约和安全改善的项目，其经济价值应采用“有无对比”分析方法，根据不同人群、货物、出行目的、工作环境等，区别下列情况计算其价值：

1）根据不同货物对时间的敏感程度，分析受益者为了得到这种节约所愿意支付的价格，测算其时间节约的价值。

2）根据不同人群对安全的敏感程度，分析受益者为得到这种安全所愿意支付的货币数量，测算出安全的价值。

为了得到这种受益者所愿意支付的货币数量。在项目经济费用效益分析中，应根据具体性质分别测算。

3. 影子汇率系指用于对外贸货物和服务进行经济费用效益分析的外币的经济价格，应能正确反映外汇的经济价值，应按下式计算：

$$影子汇率 = 外汇牌价 \times 影子汇率换算系数 \tag{15}$$

4 费用效果分析

4.0.2 费用效果分析。

费用效果分析有广义和狭义之分，项目评价中一般采用狭义的概念，即耗费采用货币计量，效果采用非货币计量的方法。费用效果分析回避了效果定价难的问题，直接采用非货币化的效果指标与费用进行比较，方法相对简单，适合于效果难于货币化的项目。

4.0.3 费用效果分析的应用。

费用效果分析既可以应用于财务现金流量，也可以用于经济费用效益流量。用于前者，主要用于项目各个环节的方案比选，项目总体方案的初步筛选；用于后者，除了可以用于上述方案比选、筛选以外，对于项目主体效益难于货币化的，则取代费用效益分析，并作为经济分析的最终结论。

5　不确定性分析和风险分析

5.0.1　不确定性分析与风险分析的联系与区别

投资决策阶段，经济评价所采用的数据大部分来自预测和估算，具有一定程度的不确定性。通过对拟建项目具有较大影响的不确定性因素进行分析，计算基本变量的增减变化引起项目财务或经济效益指标的变化，找出最敏感的因素及其临界点，预测项目可能承担的风险，使项目的投资决策建立在较为稳妥的基础上。

风险是指未来发生不利事件的概率或可能性。风险分析是通过对风险因素的识别，采用定性或定量分析方法估计各风险因素发生的可能性及对项目的影响程度，揭示影响项目成败的关键风险因素，提出项目风险的预警、预报和相应的对策，为投资决策服务。

不确定性分析与风险分析既有联系，又有区别。二者的联系在于项目的“不确定性”导致项目“有风险”；区别在于通过不确定性分析可以找出影响项目效益的敏感因素，确定敏感程度，但不知道这种不确定性因素发生的可能性及影响程度。借助于风险分析可以得知不确定性因素发生的可能性以及给项目带来的经济损失的程度。

5.1　盈亏平衡分析

5.1.1　盈亏平衡分析是指在项目达到设计生产能力的条件下，通过盈亏平衡点（*Break - Even - Point*，*BEP*）分析项目成本与收益的平衡关系。盈亏平衡点是项目的盈利与亏损的转折点，即在这一点上，销售收入等于总成本费用，正好盈亏平衡，用以考察项目对产出品变化的适应能力和抗风险能力。盈亏平衡分析只用于财务分析。

盈亏平衡点通过正常年份产品的产量或者销售量、可变成本、固定成本、产品价格和销售税金及附加等数据计算。正确合理地识别和划分固定成本和可变成本是保证盈亏平衡点准确程度的关键。正常年份一般应选择还款期间的第一个达产年和还款后的年份分别计算，以便分别给出最高和最低的盈亏平衡点区间范围。

5.1.3　盈亏平衡分析分为线性盈亏平衡分析和非线性盈亏平衡分析，由于非线性盈亏平衡分析的收入函数和成本函数难以确定，项目评价中仅进行线性盈亏平衡分析。

线性盈亏平衡分析有以下四个假定条件：

1. 产品的产量等于销售量，即当年生产的产品（下同）当年销售出去。
2. 煤炭产品的产量变化，单位可变成本不变，从而总成本费用是产量的线性函数。
3. 产品的产量变化，产品售价不变，从而销售收入是销售量的线性函数。
4. 按单一产品计算，当生产多种产品，应换算为单一产品，不同产品的产率的变化应保持一致。

5.2　敏感性分析

5.2.1　敏感性分析系指通过分析不确定性因素发生增减变化时，对财务分析和经济费用效益分析指标的影响，并计算敏感度系数和临界点，找出敏感因素。

敏感性分析包括单因素敏感性分析和多因素敏感性分析。

单因素敏感性分析是指每次只改变一个因素的数值进行分析，估算单个因素的变化对项目效益产生的影响。

多因素分析是同时改变两个或两个以上因素进行分析，估算多因素同时发生变化对项目效益产生的影响。

煤炭建设项目通常只进行单因素敏感性分析。

5.2.2 敏感性分析可按下列步骤进行：

1. 选择对项目效益影响较大且重要的不确定因素。煤炭建设项目主要对产品销售价格、建设投资、经营成本、产品产量等不确定因素进行敏感性分析。

2. 选择不确定因素变化的百分率。敏感性分析一般选择不确定因素变化的百分率为 ±10% 、±20% 和 ±30% 等。有特殊要求时可不受此约束。

3. 针对评价指标进行敏感性分析。建设项目经济评价有一整套指标体系，敏感性分析可选定其中一个或几个主要指标进行分析，最基本的分析指标是内部收益率，根据项目的实际情况也可选择净现值或投资回收期评价指标，必要时可同时针对两个或两个以上的指标进行敏感性分析。

5.2.3 敏感度系数和临界点。

1. 敏感度系数（S_{AF}）系指项目评价指标变化率与不确定性因素变化率的比值。按下式计算：

$$S_{AF} = \frac{\Delta A/A}{\Delta F/F} \tag{16}$$

式中 $\Delta F/F$——不确定性因素 F 的变化率；

$\Delta A/A$——不确定性因素 F 发生 ΔF 变化时，评价指标 A 的相应变化率。

$S_{AF}>0$，表示评价指标与不确定因素同方向变化；$S_{AF}<0$，表示评价指标与不确定因素反方向变化。

$|S_{AF}|$ 较大者敏感度系数高。

敏感度系数高，表示项目效益对该不确定因素敏感程度高。

2. 临界点（转换值 *Switch Value*）系指不确定性因素的变化使项目由可行变为不可行的临界数值，一般采用不确定性因素相对基本方案的变化率或其对应的具体数值表示。

当该不确定因素为费用科目时即为其增加的百分率；当其为效益科目时即为降低的百分率。临界点也可用该百分率对应的具体数值表示。当不确定因素的变化超过了临界点所表示的不确定因素的极限变化时，项目将由可行变为不可行。

临界点的高低与计算临界点的指标的初始值有关。若选取基准收益率为计算临界点的指标，对于同一个项目，随着设定基准收益率的提高，临界点就会变低（即临界点表示的不确定因素的极限变化变小）；而在一定的基准收益率下，临界点越低，说明该因素对项目评价指标影响越大，项目对该因素就越敏感。

临界点计算可使用试插法，也可用计算机软件的函数或图解法求得。由于项目评价指标的变化与不确定因素变化之间不是直线关系，当通过敏感性分析图求得临界点的近似值时，有时有一定误差。

5.3 风险分析

5.3.1 经济风险分析主要采用定性与定量相结合的方法，分析风险因素发生的可能性及给项目带来经济损失的程度，其分析过程包括风险识别、风险估计、风险评价与风险应对。

5.3.2 风险来源。影响项目实现预期经济目标的风险因素来源于法律法规及政策、市场供需、资源开发与利用、技术的可靠性、地质与工程方案、融资方案、组织管理、环境与社会、外部配套条件等一个方面或几个方面。影响项目效益的风险因素可归纳为下列内容：

1. 政策方面：由于政府政策调整，如税收、金融、环保、产业政策等的调整变化，对项目经济效益带来影响，使项目原定目标难以实现。

2. 市场方面：由于市场需求的变化、竞争对手的竞争策略调整，项目产品销路不畅，产品价格低迷等，以至产量和销售收入达不到预期的目标，给项目预期收益带来损失。

市场风险一般来自三个方面：一是市场供需实际情况与预测值发生偏离；二是项目产品市场竞争力或者竞争对手情况发生重大变化；三是项目产品和主要原材料的实际价格与预测价格发生较大偏离。

3. 资源方面：资源风险主要是井（矿）田资源/储量、可采储量、煤种、煤质、瓦斯涌出量、涌水量、围岩性质等与原预测结果发生较大偏离，导致项目建设与开采成本增加，生产能力降低，服务年限减少，产品收益降低，安全生产状况下降。

4. 技术方面：项目采用的技术，特别是引进技术的先进性、可靠性、适用性和经济性与原方案发生重大变化，其中的主要风险是指采煤方法、采煤工艺、生产设备的先进性、可靠性、实用性等，在实际生产过程中，因其性能不满足或不适应条件变化，导致项目不能按期进入正常生产状态，或生产能力利用率降低，达不到设计要求，或生产成本提高，产品质量达不到预期要求等。

5. 工程方面：因项目工程地质条件、煤层赋存条件和水文地质条件出乎预料的变化，工程设计发生重大变化，导致工程量增加、投资增加、工期延长；由于前期准备工作不足，导致项目实施阶段建设方案的变化；工程设计方案不合理，可能给项目的生产经营带来影响等。

6. 融资方面：项目资金来源的可靠性、充足性和及时性不能保证；由于工程量预计不足或设备材料价格上升导致投资增加；由于计划不周或外部条件等因素导致建设工期拖延；利率、汇率、通货膨胀率的变化都会导致融资成本升高。

7. 组织管理方面：由于项目组织结构不当、管理机制不完善或主要管理者能力不足等，导致项目不能按计划建成投产，投资超出估算；或在项目投产后，未能制定有效的企业竞争策略，在市场竞争中失败。

8. 环境与社会方面：对于许多项目，外部环境因素包括自然环境和社会环境因素的影响。如项目选址不当，项目对社区的影响、对生态环境影响估计不足，或是项目环保措施不当，在项目建成后，可能对社区和生态带来严重影响，导致社区居民和社会的反对，造成直接经济损失。

9. 配套条件方面：建设项目需要的外部配套设施，如供水、排水、供电、公路、铁路、港口、码头以及上下游配套设施等，在可行性研究中虽都作了考虑，但是事实上仍然可能存在外部配套设施没有如期落实的问题，致使建设项目不能发挥应有效益，从而带来风险。

10. 其他方面：项目存在的其他方面的风险由具体分析专家根据个人的主观价值去判断。

5.3.3 风险识别。风险识别是风险分析的基础，风险识别应采用系统论的观点对项目全面考察综合分析，找出潜在的各种风险因素，并对各种风险进行比较、分类，确定各因素间的相关性与独立性，判断其发生的可能性及对项目的影响程度，按其重要性进行排队，或赋予权重。敏感性分析是初步识别风险因素的重要手段。

1. 风险识别方法。风险识别应根据项目的特点选用适当的方法。常用的方法有问卷调查、专家调查法和情景分析等。具体操作中，一般通过问卷调查或专家调查法完成，建立项目风险因素调查表。

2. 风险识别应注意的问题：

（1）煤炭建设项目的不同阶段存在的主要风险有所不同。

（2）风险因素依项目不同具有特殊性。

（3）对于项目的有关各方（不同的风险管理主体）可能会有不同的风险。

（4）风险的构成具有明显的递阶层次，风险识别应层层剖析，尽可能深入到最基本的风险单元，以明确风险的根本来源。

（5）正确判断风险因素间的相关性与独立性。

（6）识别风险应注意借鉴历史经验，要求分析者富有经验、创建性和系统观念。

5.3.4 风险估计。风险估计又称风险测定、测试、衡量和估算等。风险估计是在风险识别之后，通过定量分析的方法测度风险发生的可能性及对项目的影响程度。

风险估计应采用主观概率和客观概率的统计方法，确定风险因素的概率分布，运用数理统计分析方法，计算项目评价指标相应的概率分布或累计概率、期望值、标准差。

1. 风险估计与概率。风险估计是估算风险事件发生的概率及其后果的严重程度，因此，风险与概率密切相关。概率是度量某一事件发生的可能性大小的量，它是随机事件发生的可能性。必然发生的事件，其概率为1，不可能事件，其概率为零，一般的随机事件，其概率在0与1之间。风险估计分为主观概率和客观概率两种。

（1）主观概率是指人们对某一风险因素发生可能性的主观判断，用介于0到1的数据来描述。这种主观估计基于人们所掌握的大量信息或长期经验的积累，而不是随意“拍脑袋”。

（2）客观概率是根据大量的试验数据，用统计的方法计算某一风险因素发生的可能性，它是不以人的主观意志为转移的客观存在的概率，客观概率计算需要足够多的试验数据作支持。

（3）在项目评价中，要对项目的投入与产出进行从机会研究到投产运营全过程的预测。由于不可能获得足够时间与资金对某一事件发生的可能性作大量的试验，又因事件是将来发生的，也不可能做出准确的分析，很难计算出该事件发生的客观概率，但决策又需要对事件发生的概率做出估计，因此项目前期的风险估计最常用的方法是由专家或决策者对事件出现的可能性做出主观估计。

2．风险估计与概率分布

（1）风险估计的一个重要方面是确定风险事件的概率分布。概率分布用来描述损失原因所致各种损失发生可能性的分布情况，是显示各种风险事件发生概率的函数。概率分布函数给出的分布形式、期望值、方差、标准差等信息，可直接或间接用来判断项目的风险。

（2）常用的概率分布类型有离散概率分布和连续概率分布。当输入变量可能值为有限个数，这种随机变量称为离散随机变量，其概率称离散概率，它适用于变量取值个数不多的输入变量。当输入变量的取值充满一个区间，无法按一定次序一一列举出来时，这种随机变量称连续随机变量，其概率称连续概率，常用的连续概率分布有正态分布、对数正态分布、泊松分布、三角分布、二项分布等。各种状态的概率取值之和等于1。

（3）在风险估计中，确定概率分布时，需要注意充分利用已获得的各种信息进行估测和计算，在获得的信息不够充分的条件下则需要根据主观判断和近似的方法确定概率分布，具体采用何种分布应根据项目风险特点而定。确定风险事件的概率分布常用的方法有概率树、蒙特卡罗模拟及CIM模型等分析法。

5.3.5 风险评价。风险评价是对项目经济风险进行综合分析，是依据风险对项目经济目标的影响程度进行项目风险分级排序的过程。它是在项目风险识别和估计的基础上，通过建立项目风险的系统评价模型，列出各种风险因素发生的概率及概率分布，确定可能导致的损失大小，从而找到该项目的关键风险，确定项目的整体风险水平，为如何处置这些风险提供科学依据。

根据风险因素发生的可能性及其造成损失的程度，建立综合风险等级矩阵。矩阵列表法简单直观，表中每一单元对应一种风险的可能性及其影响程度。

综合风险等级分为K、M、T、R、I五个等级：

K表示项目风险很强，出现这类风险就要放弃项目；M表示项目风险强，需要修正拟议中的方案，通过改变设计或采取补偿措施等；T表示风险较强，设定某些指标的临界值，指标一旦达到临界值，就要变更设计或对负面影响采取补偿措施；R表示风险适度（较小），适当采取措施后不影响项目；I表示风险弱，可忽略。

落在表5.3.5左上角的风险会产生严重后果；落在表左下角的风险，发生的可能性相对低，必须注意临界指标的变化，提前防范与管理；落在表右上角的风险影响虽然相对适度，但是发生的可能性相对高，也会对项目产生影响，应注意防范；落在表右下角的风险，损失不大，发生的概率小，可以忽略不计。

5.3.6 风险应对。在经济风险分析中找出的关键风险因素，对项目的成败具有重大影响，需要采取相应的应对措施，尽可能降低风险的不利影响，实现预期投资效益。

风险应对根据风险评价的结果，研究规避、控制与防范风险的措施，为项目全过程风险管理提供依据。具体应关注下列方面：

1．风险应对的原则：

（1）贯穿于项目可行性研究的全过程。可行性研究是一项复杂的系统工程，而经济风险来源于政策、市场、资源、技术、工程、资金、管理、环境、外部配套条件等各个方面，因此，应从规划设计过程中就应采取规避防范风险的措施，防患于未然。

（2）针对性。风险对策应结合项目特点，针对项目主要的或关键的风险因素提出必要的措施，将其影响降低到最低程度。

(3) 可行性。风险应对研究应立足于现实客观的基础之上，提出的风险应对应在财务、技术等方面是切实可行的。

(4) 经济性。规避防范风险是要付出代价的，如果提出的风险应对所花费的费用远大于可能造成的风险损失，该对策将毫无意义。在风险应对研究中应将规避防范风险措施所付出的代价与该风险可能造成的损失进行权衡，旨在寻求以最少的费用获取最大的风险效益。

2. 决策阶段风险主要应对措施：

(1) 加强市场需求调查，进一步分析煤炭产品在销售市场上的竞争力及竞争对手的情况，合理预测煤炭产品销售价格，加强项目的市场竞争力，以降低、减少市场风险。

(2) 对影响投资、质量、工期和效益等有关数据，如价格、汇率、利率等风险因素，在编制投资估算、制定建设计划和分析经济效益时，应留有充分的余地，谨慎决策，并在项目执行过程中实施有效监控。

(3) 矿井在建设前，可对先期开采地段进行地震物探，进一步提高可靠性；同时，对其他地段亦增加勘探精度，提高资源/储量级别。

(4) 提出多个备选方案，通过多方案的技术、经济比较，选择最优方案。

3. 建设或生产期的风险可建议采取回避、转移、分担和自担措施。

(1) 风险回避是彻底规避风险的一种做法，即断绝风险的来源。风险回避一般适用于以下两种情况，某种风险可能对项目造成相当大的损失；风险应对措施代价昂贵，得不偿失。

(2) 风险分担是针对风险较大，投资人无法独立承担，或是为了控制项目的风险源，而采取与其他企业合资或合作等方式，共同承担风险、共享收益的方法。

(3) 风险转移是将项目业主可能面临的风险转移给他人承担，以避免风险损失的一种方法。转移风险有两种方式，一是将风险源转移出去，如将已做完前期工作的项目转给他人投资，或将其中风险大的部分转给他人承包建设或经营；二是只把部分或全部风险损失转移出去，包括保险转移方式和非保险转移方式两种。

(4) 风险自担就是将风险损失留给项目业主自己独立承担项目的风险。投资者已知有风险但由于可能获利而需要冒险时，同时又不愿意将获利的机会分给别人，必须保留和承担这种风险。

5.3.8 根据项目特点及评价要求进行风险分析。在具体操作过程中，经济风险分析区别两种情况：

第一种情况：项目经济风险分析在敏感性分析的基础上进行，只需要分析敏感因素发生的可能性及对经济评价指标的影响程度，没有必要再进行详细的风险识别，可选择适当的方法估计风险发生的概率，然后进行风险估计、风险评价与应对研究。

进行经济风险分析时，风险因素主观概率的估计是在给定风险因素的变化区间后，由专家估计风险因素在不同区间变化的可能性，填入概率分布统计表，表格格式见表6。各变化区间填写的数值之和应等于“1”，如果不等于“1”，则需进行归“1”化处理。

表6　财务现金流量分析风险因素变化区间的概率分布统计表

序号	风险因素	-20% ~ -15%	-15% ~ -10%	-10% ~ -5%	-5% ~ 0%	0%	0% ~ 5%	5% ~ 10%	10% ~ 15%	15% ~ 20%
1	现金流入									
1.1	产出品价格			0.1	0.2	0.5	0.1	0.1		
1.2	产量	0.01	0.04	0.1	0.15	0.4	0.15	0.1	0.04	0.01
	……									
2	现金流出									
2.1	设备价格	0	0	0.05	0.1	0.2	0.3	0.2	0.1	0.05
2.2	土地价格	0	0	0	0	0.05	0.35	0.3	0.2	0.1
2.3	材料消耗量	0	0.1	0.2	0.4	0.2	0.1	0	0	0
2.4	原材料价格									
	……									

由以上调查统计表得出各个风险因素的概率分布后，可以利用蒙特卡罗模拟法计算经济评价指标的概率分布，以及相应的累计概率、期望值和标准差等指标。

第二种情况：项目需要进行系统的专题经济风险分析时，应按前述四个阶段的要求进行。采用专家调查与层次分析相结合的方法识别风险因素，建立风险因素调查统计表，表格格式见表7，估计风险因素出现的可能性和对项目的影响程度，确定各个风险因素等级的概率分布。具体分析步骤参见表8。

表7　风险因素专家调查统计表

序号	风险因素名称	出现的可能性				出现后对项目影响程度			
		高	强	适度	低	高	强	适度	低
1	市场方面								
1.1	市场需求量			√					√
1.2	竞争能力		√				√		
1.3	价格		√			√			
	……				√				
2	技术方面								
2.1	可靠性							√	
2.2	适用性								√

续表 7

序号	风险因素名称	出现的可能性				出现后对项目影响程度			
		高	强	适度	低	高	强	适度	低
3	资源方面								
3.1	资源储量			√			√		
3.2	开采成本				√			√	
	……								
4	工程地质方面								
	……								
5	投融资方面								
5.1	汇率								
5.2	利率				√			√	
6	投资额				√		√		
6.1	工期								
	……								
7	配套条件								
7.1	水、电、气供应								
7.2	交通运输条件								
7.3	其他配套工程								
	……								

表 8　专题风险分析的流程

风险识别	步骤 1	1	设立适宜的风险分析内容和目标
		1.1	保证有足够的信息以开展风险分析
		1.2	明确分析目标、条件和要求
		1.3	确定假设条件
		1.4	确定项目成功的关键判据
	步骤 2	2	收集有关风险信息
		2.1	风险细分
		2.2	分析每个子项（或称目标、子目标）包含的内容
		2.3	分析子项之间的关系：独立性及相关性
		2.4	列出可能的风险原因
		2.5	识别每个子项的基本风险因素
		2.6	准备子项风险清单

续表 8

风险识别	步骤 3	3	风险分类
		3. 1	根据风险原因对风险进行分类
		3. 2	定性分析影响的效果：风险发生的可能性及后果
		3. 3	判断风险因素的权重
		3. 4	填写子项风险清单
风险评估	步骤 4	4	风险量化估计
		4. 1	确定是否需要进行定量估计
		4. 2	运用 AHP、CIM、Monte - Carlo 定量分析风险发生的可能性及后果，获得风险等级的概率分布、最可能发生的风险等级
		4. 3	按照风险的影响程度对其进行排队
		4. 4	绘制风险等级概率分布图和表
		4. 5	风险确定项目综合风险等级
风险评价与对策	步骤 5	5	风险综合评价
		5. 1	确定每个风险或每组风险水平
		5. 2	根据风险等级的判别标准衡量其可接受性
	步骤 6	6	制定风险对策
		6. 1	为不能接受的风险设计替换方案
		6. 2	制定项目全过程风险控制方案
		6. 3	建立项目实施与运营过程风险监控信息系统

6 区域经济与宏观经济影响分析

6.0.1 区域经济影响分析和宏观经济影响分析。

1. 区域经济影响分析。区域经济影响分析指从区域经济的角度出发，综合分析煤炭项目的建设对项目所在区域乃至较大区域的经济活动的各方面影响，通过分析做到有效地开发利用煤炭资源，合理配置人、材、物力，使社会资源在区域部门之间、企业之间、生产性建设与非生产性建设之间合理布局协调发展，保持良好的生态环境，同时提高社会经济效果，促进煤炭项目开发建设顺利进行。

区域经济影响分析内容：主要包括对区域现存发展条件、经济结构、城镇建设、劳动就业、土地利用、生态环境（如：塌陷治理、土地复垦）等方面现实和长远影响的分析。

2. 宏观经济影响分析。宏观经济影响分析指从国民经济整体的角度出发，综合分析的目的是通过特大型煤炭建设项目对国家宏观经济的各方面影响，通过分析判断国家承担项目投资建设的能力，特大型煤炭项目对国民经济总量增长和结构改善的贡献，以及项目实施可能存在的各种风险，实现生产力在宏观范围内合理布局，推动国民经济协调发展。

宏观经济影响分析内容：主要包括对国民经济总量增长、产业结构调整、生产力布局、自然资源开发、劳动就业结构变化、物价变化、收入分配等方面影响的分析。

6.0.2 特大型煤炭建设项目的特征。

1. 特大型煤炭建设项目的特征：

（1）在国民经济和社会发展中占有重要的战略地位。

（2）建设工期或实施周期长。

（3）人力、物力、财力的投入量大，且年度投入量的分布非常不均匀。

（4）项目实施前后对所在区域或国家的经济结构、社会结构、财政收支、供需关系以及群众利益格局等有较大改变。

（5）项目的技术风险大。

（6）对生态与环境影响大、范围广。

2. 特大型煤炭建设项目也是一个相对性的概念。随着经济发展，生产力水平的不断提高，一些在当时被认为投资规模巨大可称得上特大型煤炭建设项目，在后来却只能算作一般工程。在实际分析时，应以当时的情况为准进行取舍。

6.0.3 区域和宏观经济影响的分析原则。

1. 系统性原则。煤炭建设项目本身就是一个系统，但从国民经济的全局来看，它又是国民经济这个大系统中的一个子系统。按照协同学理论，系统总是可以按照自身的结构与机制，使得原有的大系统能够“容忍”或“接纳”新的建设项目的存在。为了保证煤炭建设项目的建设成功和国民经济系统稳定运行，使其与国民经济融为一体，一定要从全局的观点，用系统论的方法来分析工程建设可能带来的各方面的影响，尤其是对区域经济和宏观经济的影响。

2. 综合性原则。煤炭建设项目建设周期较长，投资大，影响面广泛。项目的投入（包括建设和生产）将给原有经济系统的结构（包括产业结构、投资结构、就业结构、供给结构、消费结构、价格体系和区域经济等）、状态和运行带来重大的变化。它不仅影响到经济总量，而且影响到经济结构；不仅影响到资源开发，而且影响到资源利用，人力、物力、财力配置；往往对局部区域，甚至对国民经济产生影响。因此，分析煤炭建设项目对区域和宏观经济影响要坚持综合性原则，进行综合分析。

3．定量分析与定性分析相结合原则。煤炭建设项目对区域和宏观经济的影响具有广泛性，包括实实在在的有形效果和经济效果，可以用价值型指标进行量化；也包括更大量的无形效果和非经济效果，难以用价值型指标进行量化。对于前者无疑要以定量分析为主，把握其数值大小；对于后者必须进行定性分析或进行比较性描述，或者用其他类型指标或指标体系进行描述或数量分析，以便对其作出准确评价，为项目决策提供充分依据。

6.0.4 特大型煤炭建设项目对区域和宏观经济的影响。

煤炭作为我国的基础能源，广泛分布于全国27个省、自治区、直辖市。国家在大力提倡节约资源，尤其是基础能源的同时，在煤炭项目建设方面也积极倡导循环经济和可持续发展的科学发展观。

1．特大型煤炭建设项目具有广泛影响。特大型煤炭建设项目对区域和宏观经济的影响是多方面的，既有有利的影响（正效益），也有不利的影响（负效益）。不利影响表明了项目除实际发生的投资外，区域范围内、甚至国民经济整体为项目建设付出的代价。项目总效益应为正效益与负效益相抵并扣除实际投资后的余额。特大型煤炭建设项目对区域和宏观经济影响的多方面性还表现在：既有总量影响，也有结构影响；既有对资源开发的影响，也有对资源利用的影响；既有经济影响，也有社会影响、环境影响等，

特大型煤炭建设项目影响的广泛性也意味着对其分析更多的是采用个案分析，从实际出发，具体问题具体分析；还意味着要强调专项分析，对某一方面影响进行专门分析，如对国力承担能力的分析等。

2．特大型煤炭建设项目对所在区域经济的影响。

（1）特大型煤炭建设项目可能改变其所在区域的功能与发展条件。伴随着项目的建设，所在区域的基础设施如交通、能源供应条件等首先得到相应的发展，其他有利于投资建设的环境条件也会相应而生，如有专业技能的劳动力供给、生活及服务设施的改善等。

（2）特大型煤炭建设项目的建设可能改变所在区域的产业结构。在一个原经济基础比较薄弱的地区，特大型煤炭建设项目的建设可能建立起一套全新的经济结构，迅速推进当地经济的成长。在原经济基础较好、经济实力较强的地区，特大型煤炭建设项目所在区域可能会分离而成某城市的卫星城、大功能区或新城区，促进城市规模迅速扩大，从而改变原有经济结构，推动经济发展。

（3）特大型煤炭建设项目可以促进区域产业循环的形成。特大型煤炭建设项目由于投资大、产出多、占地广、技术水平高等特点，很容易形成所在区域的核心产业，并可能围绕核心产业出现一系列辅助性产业，或者利用项目建设提供的基础设施来形成一定规模的地方产业集聚，有利于推动所在区域的整体发展。

（4）特大型煤炭建设项目对所在区域也可能带来负面的影响，如耕地减少、环境污染、人与环境关系紧张、历史文化遗产遭到破坏、冲击区域经济、削弱地方原有优势等。这些影响有的是直接的并立即表现出来，有些是间接的，而且缓慢地表现出来。

3．特大型煤炭建设项目对宏观经济的影响。特大型煤炭建设项目建成后，通过项目

自身发挥效益，促进国民经济总量增长；通过带动所在区域经济结构调整和经济总量增长，导致国民经济结构优化和总量增长；通过吸纳有一定专长的劳动力和其他类型劳动力，增加劳动就业，改变就业结构（包括就业的产业结构、知识结构等）；通过提供国民经济发展急需的基础设施、能源或技术等，减轻乃至消除经济发展中的“瓶颈”制约因素的作用；推进国家的城市化进程，从而提升国民经济整体实力，促进现代化建设。

特大型煤炭建设项目还有利于改变地区发展不平衡的现状，促进地区之间产业合理布局协调发展，有利于改变国民收入分配格局，帮助贫困落后地区脱贫致富。由于特大型煤炭建设项目一般都采用先进技术设备和最新技术成果，因而也有利于加快技术进步，提高技术进步对经济增长的贡献份额。

特大型煤炭建设项目由于建设规模巨大，需要大量的人力、财力、物力，一方面可以通过投资拉动作用促进经济增长，另一方面也由于大量增加了对某些类型投入资源或物品的需求，导致这些资源或物品价格上涨，进而影响到价格总水平。项目建成后，由于其产量巨大，会改变某些物品的供求格局，可能导致这些物品供应的“瓶颈”制约作用的消除或者供给大大超过需求，对国家经济安全带来有利影响或不利影响。

特大型煤炭建设项目还由于在规划建设的过程中越来越强调以人为本，追求人与环境的和谐统一，注重环境保护、改善生态。

6.0.6 区域和宏观经济影响的评价指标体系。

区域经济与宏观经济影响分析的指标体系宜由下列总量指标、结构指标、社会与环境指标和国力适应性指标构成：

1. 经济总量指标反映项目对国民经济总量的贡献，包括增加值、净产值、纯收入、财政收入等经济指标。总量指标可使用当年值、净现值总额和折现年值。

增加值是指项目投产后对国民经济的净贡献，即每年形成的国内生产总值。对项目而言，按收入法计算增加值较为方便。

增加值 = 项目范围内全部劳动者报酬 + 固定资产折旧 + 生产税净额 + 营业盈余

净产值是指项目全部效益扣除各项费用（不包括职工薪酬）后的余额。

社会纯收入是指净产值扣除职工薪酬后的余额。

增加值、净产值和社会纯收入的年值可分别由各自的总现值折算。

由于能够对区域经济或宏观经济产生影响的煤炭建设项目一般均为综合性项目，具有多种效益，具体计算时，应根据项目发挥效益的类别逐项计算。

2. 经济结构指标反映项目对经济结构的影响，主要包括三次产业结构、就业结构、影响力系数等指标。

影响力系数也被称为带动度系数，是指特大型建设项目所在的产业，当它增加产出满足社会需求，每增加一个单位最终需求时，对国民经济各部门产生的增加产出的影响。用公式表示为：

$$\text{影响力系数} = \sum_{i=1}^{n} b_{ij} / \left(\sum_{j=1}^{n} \sum_{i=1}^{n} b_{ij} / n \right) \tag{17}$$

式中 b_{ij}——列昂惕夫逆矩阵系数，表示生产第 j 个部门的一个最终产品对第 i 个部门的完全需要量；

n——国民经济的产业部门总数。

影响力系数大于1表示煤炭产业部门增加产出对其他产业部门产出的影响程度超过社会平均水平，影响力系数越大，意味着对其他产业部门的带动作用越大，对经济增长的影响越大。

产业结构可以煤炭产业增加值计算，反映其在国内生产总值中所占份额大小。煤炭建设项目建设前后产业结构的变化反映了项目对产业结构的影响。

就业结构包括就业的产业结构、就业的知识结构等，前者指煤炭产业就业人数的比例，后者指不同知识水平就业人数的比例。煤炭建设项目建设前后就业结构的变化反映了项目对就业结构的影响。

3．社会与环境指标主要包括就业效果指标、收益分配效果指标、资源合理利用指标和环境影响效果指标等。

（1）就业效果指标。实现社会充分就业是宏观经济致力实现的重要目标之一。评价煤炭建设项目的就业效果对存在大量过剩劳动力的我国尤其具有意义。劳动力就业效果一般用项目单位投资带来的新增就业人数表示，即：

$$\text{单位投资就业效果} = \frac{\text{新增总就业人数(包括本项目与相关项目)}}{\text{项目总投资(包括直接投资与间接投资)}}(\text{人/万元}) \quad (18)$$

总就业效果可分为直接投资所产生的直接就业效果和与该项目直接相关的其他项目的投资产生的间接就业效果。

$$\text{直接就业效果} = \frac{\text{本项目新增就业人数}}{\text{本项目的直接投资}}(\text{人/万元}) \quad (19)$$

$$\text{间接就业效果} = \frac{\text{相关项目新增就业人数}}{\text{相关项目投资}}(\text{人/万元}) \quad (20)$$

（2）收益分配效果。收益分配效果指标用于检验项目收益分配在国家、地方、企业、职工间的分配比重是否合理。主要有以下几项：

$$\text{国家收益分配比重} = \frac{\text{项目上缴国家的收益}}{\text{项目的总收益}} \times 100\% \quad (21)$$

$$\text{地方收益分配比重} = \frac{\text{项目上缴地方的收益}}{\text{项目的总收益}} \times 100\% \quad (22)$$

$$\text{企业收益分配比重} = \frac{\text{企业的收益}}{\text{项目的总收益}} \times 100\% \quad (23)$$

$$\text{职工收益分配比重} = \frac{\text{职工的收益}}{\text{项目的总收益}} \times 100\% \quad (24)$$

为体现国家对老、少、边、穷等地区的重视，使这类地区的项目得以优先通过，也可设置贫困地区收益分配指标，通过对贫困地区赋予较高的收益分配权重，判定其对贫困地区收益分配的贡献。

（3）对资源和环境的影响效果指标。对资源和环境的影响效果指标主要有节能效果指标、节约时间效果指标、节约用地效果指标、节约水资源效果指标等几类。

节能效果以项目的综合能耗水平（可折合成“年吨标煤消耗”）来反映。

$$\text{项目的综合能耗水平} = \frac{\text{项目的综合耗能}}{\text{项目的净产值}} \quad (25)$$

项目的综合能耗水平低于社会平均能耗水平，则说明项目具有较好的节能效果。

节约时间的效果分析应结合具体项目进行。

节约用地效果用单位投资占地反映。

$$单位投资占地 = \frac{项目土地占用量}{项目总投资}(平方米/万元) \tag{26}$$

项目单位投资占地低于社会平均水平，则说明项目具有较好的节约用地效果。

节约用水效果以项目单位产值或产品耗水量来反映。

$$项目单位产能耗水量 = \frac{项目总耗水量}{项目总产值}(立方米/万元) \tag{27}$$

项目单位产值耗水量和国家与地区规定的定额比较，可判定项目的节水效果。对生产性项目应分别计算单位产品生产用水和项目人均耗水量，单位产品耗水量应与行业规定的定额进行比较。

4. 国力适应性指标表示国家的人力、物力和财力承担重大项目的能力，一般用项目使用的资源占全部资源总量的百分比或财政资金投入占财政收入或支出的百分比表示。

建设项目由于建设规模巨大，需要耗费大量的人力、物力、财力、自然资源等，这自然会产生国力能否承受的问题。建设项目耗费过多，必然会影响到国民经济其他地区、其他部门的建设和发展。建设项目挤占资源过多，导致其他领域所需资源无法满足，阻碍了项目的发展进程；或者由建设项目使用的投入品过多，引发该物品供应紧张，抬升了重要物品的价格，乃至加剧通货膨胀水平，则说明国力承担该项目的能力不足。

国力承担能力即国力适应性的评价主要分析财力和物力。

国家财力是指一定时期内国家拥有的资金实力，其构成要素包括：国内生产总值（或国民收入）、国家财政收入、信贷总额、外汇储备、可利用的国外资金等。其中最主要的指标是国内生产总值（或国民收入）和国家财政收入。国内生产总值（或国民收入）水平和增长速度反映了国家当前的经济实力和未来实力增长趋势，对建设项目的投资规模具有直接影响。财力承担能力一般通过国内生产总值（或国民收入）增长率、建设项目年度投资规模分别占国内生产总值（或国民收入）、全社会固定资产投资和国家预算内投资等指标的比重等指标来衡量。对运用财政资金的项目，财政投入占财政收入比例的高低反映财政对项目资金需求承受能力的大小。

国家物力是指国家所拥有的物质资源，包括工农业主要产品及储备量，矿产资源储备量、森林、草场以及水资源等。物力取决于国家可供追加的生产资料和消费资料的数量和构成。一般煤炭建设项目物力承担能力主要指能源、钢材、水泥和炸药等主要物资能否支持项目兴建。物力承担能力评价一般通过煤炭建设项目对这几类主要物资的年度需要量占同期产量的比重来衡量。

煤炭建设项目的国力承担能力评价需要结合对国家未来经济发展的预测来进行。

以上各项指标应与国家统计部门的统计口径一致。

6.0.7 区域经济与宏观经济的影响分析常用的经济数学模型。

常用的经济数学模型包括经济计量模型、经济递推优化模型、全国或地区投入产出模型、系统动力学模型和动态系统计量模型等。

1. 宏观经济计量模型。宏观经济计量模型是在一定的经济假设下，依据一定的经济理论，建立众多经济变量之间的关系式，利用变量的历史序列数据对关系方程式组成的联立方程组进行回归分析运算，确定方程式中的经济参数及其他参数数值，从而得出方程的确定形式，并在此基础上预测未来经济发展趋势，或者判定经济变量或经济参数对经济发展的影响。模型一般包括生产、收入、投资、消费、劳动力、财政、金融、价格、贸易、能源等模块，能较全面地反映现实经济结构及其数量关系。模型还应包括受煤炭建设项目影响的区域经济模型块，并进行联立计算求解。利用宏观经济计量模型分析煤炭建设项目对区域和宏观经济的影响，主要是考察有无该项目的两种情况下宏观经济计量模型的运算结果，从而判断项目对区域和宏观经济影响的大小和好坏。

2. 经济递推优化模型。经济递推优化模型是将国家长远战略目标和短期平衡发展目标有机结合起来，在国力约束和供需平衡下，以年度国民收入最大为目标函数的模型。具体约束还包括产业间投入产出均衡、年度产业产出能力、消费基金年增长水平、积累率上下限、非生产性和更新改造投资比例、外资平衡、必要的进口等。模型通过调整投资、消费结构和状态转移方程，使产业结构趋于合理化，在影响国力环境的因素约束下寻找煤炭建设项目对宏观经济的有利影响和国民经济发展的合理途径。

3. 动态投入产出模型。投入产出模型是指依据美国著名经济学家列昂惕夫（W. Leontief）创立的投入产出经济学的原理，利用大量实际经济数据，构造反映国民经济各部门之间生产联系的投入产出表，根据该表可计算出各部门的投入系数（即直接消费系数）和完全消费系数，并进一步可计算各部门的影响力系数和感应度系数，分析判断各部门对国民经济其他部门的影响或其他部门发展对某一部门的影响。简言之，投入产出分析可以从数量上系统地研究一个复杂经济实体的各不同部门之间的相互关系。这个经济实体可以大到一个国家，甚至整个世界，小到一个省、市或企业部门的经济。

动态投入产出模型通过引入投资具有一个多年延迟的生效过程，以及不同部门的投资具有对其他部门不同的实物需求，使动态投入产出模型可以从时间上反映国民经济在某一个时期的发展轨迹，表述国民经济各部门之间实物上的平衡和结构上的协调。应用动态投入产出模型可以分析煤炭建设项目对国民经济各部门的增长和结构的影响。在时间上可以考虑从准备期、建设期到建成后这一较长时间跨度。

4. 系统动力学模型。经济系统的动力学模型可以动态地模拟经济发展趋势。系统动力学建模型不是建立纯数学符号的数学模型，而是借助于 DYNAMO 语言编写面向计算机的仿真程序，再借助于计算机的模拟技术定量地进行系统结构、功能与行为的模拟。模型可考虑短缺对国民经济的影响，还可以通过对比其他工程项目，分析其财力承受能力。在处理煤炭建设项目时，以不同集资方式和不同投资时机，动态模拟国民经济发展状况，对比有无此项工程国民经济的状态，再分析判断国家财力对煤炭建设项目的承受能力。

5. 动态系统计量模型。动态系统计量模型是专为长远模拟开发的一种模型。它按照一定的规则，把经济计量模型的构模思想和方法、系统动力学模型的构模思想和方法、优化搜索的技巧和控制思想组合为一体，使模型能够更加合理地反映系统的长期理性行为，描述系统的长期变化。

煤炭建设项目的区域经济与宏观经济影响分析通常宜做专题研究。

7　方案经济比选

7.0.1　方案经济比选的目的与用途。

1. 方案经济比选是项目评价的重要内容。建设项目的投资决策以及项目可行性研究的过程是方案比选和择优的过程，在可行性研究和投资决策过程中，对涉及的各决策要素和研究方面，都应从技术和经济相结合的角度进行多方案分析论证，比选优化，如产品或服务的数量、技术和设备选择、原材料供应、运输方式、厂（场）址选择、资金筹措等方面，根据比较的结果，结合其他因素进行决策。

2. 方案比选的类型。

（1）方案之间存在着三种关系：互斥关系、独立关系和相关关系。

互斥关系，是指各个方案之间存在着互不相容、互相排斥的关系，在进行比选时，在各个备选方案中只能选择一个，其余的均必须放弃，不能同时存在。

独立关系，是指各个方案的现金流量是独立的，不具相关性，其中任一方案的采用与否与其自己的可行性有关，而与其他方案是否采用没有关系。

相关关系，是指在各个方案之间，某一方案的采用与否会对其他方案的现金流量带来一定的影响，进而影响其他方案的采用或拒绝。

相关关系有正相关和负相关。当一个项目（方案）的执行虽然不排斥其他项目（方案），但可以使其效益减少，这时项目（方案）之间具有负相关关系，项目（方案）之间的比选可以转化为互斥关系。当一个项目（方案）的执行使其他项目（方案）的效益增加，这时项目（方案）之间具有正相关关系，项目（方案）之间的比选可以采用独立方案比选方法。

3. 互斥关系和可转化为互斥关系的多方案比选。

（1）局部比选和整体比选。按比选范围分，项目方案比选可分为局部比选和整体比选。整体比选是按各备选方案所含的因素（相同因素和不同因素）进行定量和定性的全面的对比；局部比选仅就所备选方案的不同因素或部分重要因素进行局部对比。

局部比选通常相对容易，操作简单，而且容易提高比选结果差异的显著性，如果备选方案在许多方面都有差异，采用局部比选的方法工作量大，而且每个局部比选结果之间出现交叉优势，其比选结果多样性，难以提供决策，这时应采用整体比选方法。

（2）综合比选与专项比选。按目的分，项目方案比选可分为综合比选与专项比选。方案比选贯穿于可行性研究全过程中，一般项目方案比选是选择两个或三个备选方案进行整体的综合比选，从中选出最优方案作为推荐方案。在实际过程中，往往伴随着项目的具体情况，有必要进行局部的专项方案比选，如产品规模的确定、技术路线的选择、厂址比较等。

（3）定性比选与定量比选。按内容分，项目方案可分为定性比选与定量比选。定性分析较适合于方案比选的初级阶段，在一些比选因素较为直观且不复杂的情况下，定性分析简单易操作。如在厂址方案比选中，环保政策允许性等可能一票否决，没有必要比较下去，定性分析能满足比选要求。

在较为复杂系统方案比选工作中，一般先经过定性分析，如果直观很难判断各个方案的优劣，再通过定量分析，论证其经济效益的大小，据以判别方案的优劣。

有时，需要定性比选与定量比选相结合来判别方案的优劣。

7.0.2 方案比选定量分析方法的选择。

1. 在项目无资金约束的条件下，一般采用净现值比较法、净年值比较法和差额投资内部收益率法。

2. 方案效益相同或基本相同时，可采用最小费用法，即费用现值比较法和费用年值法。

3. 关于设定折现率。折现率是建设项目经济评价中的重要参数，可以从两个角度考虑设定折现率：一是从具体项目投资决策的角度，设定折现率应反映投资者对资金时间价值的估计，作为投资项目决策的判据；二是从投资者投资计划整体优化的角度，设定折现率应有助于选择投资方向，作出使全部投资净收益最大化的投资决策。本章所涉及的是前者，在可行性研究阶段，作为具体投资项目（或方案）的决策判据。方案比选中，通常采用与财务分析或经济费用效益分析统一的折现率基准。

方案比选中通常使用设定的折现率。但在多方案的成本比较中，由于成本费用的节约，使得项目收益增加和风险减少，采用设定的折现率对不同年份的成本费用折算，可能会因使用的折现率过高而影响费用现值，因此，多方案比选时，应采用统一的折现率。

7.0.4 计算期不同的互斥方案的比选。

计算期不同的互斥方案的比选，需要对各备选方案的计算期和计算公式进行适当的处理，使各方案在相同的条件下进行比较。

满足时间可比条件而进行处理的方法很多，常用的有年值法、最小公倍数法和研究期法等。

1. 年值法（AW）。年值法是通过分别计算各备选方案净现金流量的等额年值（AW）并进行比较的方法，以 AW≥0，且 AW 最大者为最优方案。

2. 最小公倍数法。又称方案重复法，是以各备选方案计算期的最小公倍数作为各方案的共同计算期，假设各个方案均在这样一个共同的计算期内重复进行，对各方案计算期内各年的净现金流量进行重复计算，直至与共同的计算期相等。以净现值较大的方案为优。

3. 研究期法。研究期法就是通过研究分析，直接选取一个适当的计算期作为各个方案共同的计算期，计算各个方案在该计算期内的净现值，以净现值较大的为优。在实际应用中，为方便起见，往往直接选取诸方案中最短的计算期作为各方案的共同计算期，所以研究期法也可以称为最小计算期法。方案比选指标的应用见表 7.0.4。

8 改扩建与并购项目经济评价的特点

8.1 改扩建项目经济评价的特点

8.1.1 改扩建项目的范畴和特点。

改建、扩建、迁建、技术改造、恢复建设、恢复生产、生产与安全系统配套等项目都可以归入改扩建项目的范畴。

改扩建项目的目的在于合理利用资源，增加产品供给，调整产品结构，提高技术装备水平，降低资源消耗，节省运行费用，提高产品质量，改善劳动条件，治理生产环境，提供安全保障等。项目的效益与其目的有关，有些效益可以用目的直接体现，有些效益需要通过间接途径来表现。

改扩建项目是既有企业的有机组成部分，项目的活动与既有企业的活动既有联系又有区别。项目的融资主体是既有企业，项目的还款主体也是既有企业。项目一般要利用既有企业的部分或全部资产与资源，且不发生资产与资源的产权转移。改扩建项目往往要扩大或延深原有工作场所或对系统进行配套，建设期内既有企业生产与项目建设一般同时进行。

8.1.2 改扩建项目经济评价的五种数据。

“有项目”，指既有企业进行投资活动后，在项目的经济寿命期内，项目范围内可能发生的费用与效益流量。“有项目”的流量是时间序列的数据。

“无项目”，指既有企业利用拟建项目范围内的部分或全部原有生产设施（资产），在项目计算期内可能发生的费用与效益流量。“无项目”的流量是时间序列的数据。

“增量”是“有项目”流量与“无项目”流量的差值，是时间序列的数据。“有项目”的投资减“无项目”的投资是增量投资，“有项目”的效益减“无项目”的效益是增量效益，“有项目”的费用减“无项目”的费用是增量费用。

“现状”数据是项目实施前的资产与资源、费用与效益数据，也称基本值，是时点数。“现状”数据对于比较“项目前”与“项目后”的效果有重要作用，是预测“有项目”与“无项目”数据的基础。“现状”数据一般可用项目实施前一年的数据，当该年数据不具有代表性时，可选用有代表性年份的数据或近几年数据的平均值。

“新增”数据是项目实施过程各时点“有项目”流量与“现状”数据之差，是时间序列的数据。新增投资包括建设投资和流动资金，还包括原有资产的改良支出、拆除、运输和重新安装费用。新增投资是改扩建项目筹措资金的依据。

“无项目”时的效益由原有产品产生，费用是为生产原有产品的投入；“有项目”时的效益一般由新产品和原有产品共同产生。“有项目”时的费用包括为生产新产品的投入和生产原有产品的投入。生产原有产品的效益与费用在“有项目”与“无项目”时可能有较大差异。

8.1.3 改扩建项目效益和费用范围的界定。

对于依托既有矿井或露天矿的原有设施，增加新的回采和掘进工作面、添置新的设备和设施的“整体改扩建”项目，项目的范围包括整个既有企业，除要使用既有企业的部分原有资产、场地、设备，还要另外新投入一部分资金进行扩建或改造。企业的投资主体、融资主体、偿债主体、经营主体是统一的，项目的范围就是企业的范围。不仅要识别和估算与项目直接有关的费用和效益，还要识别和估算既有企业其余部分的费用和效益。

对于“局部改扩建”项目，项目范围只包括既有企业的一部分，只使用既有企业的一部分原有资产、资源、场地、设备，企业的投资主体、融资主体、偿债主体是统一的，但可能与经营主体分离。整个企业只有一部分包含在项目范围内，还有一部分在企业内，但属于项目外。既有矿井或露天矿增建新井或新矿形成“一矿二（多）井”局面的改扩建工程、既有矿井或露天矿增建选煤厂的改扩建工程即属此类。

在保证项目的费用与效益计算口径一致以及不影响分析结果的情况下，应尽可能缩小项目的范围，有可能的话，只包括与项目直接关联的费用与效益。在界定了项目范围后，就应当正确识别和估算项目范围内、外的费用与效益。

8.1.4 改扩建项目财务分析内容与分析层次。

1. 融资分析。改扩建项目的资金筹措是比较复杂的。项目的所有资金都来源于既有企业，因为项目使用的债务资金是以既有企业的名义去借的，项目的权益资金也全部来源于既有企业。既有企业的债务资金包括既有企业自身运行和发展需要的贷款，也包括为实施项目的贷款。银行在为项目提供贷款时，一方面考虑项目未来的现金流量，项目的盈利能力；另一方面要考虑企业的信用与还贷能力，而后者的影响程度可能大于前者。项目的权益资金由两个部分构成，一部分是既有企业资产（含固定资产和流动资产），另一部分是既有企业定向募集的股本，这部分股本对于既有企业和项目都是增量股本。

2. 盈利能力分析。经济评价的基本原则是利用资金时间价值的原理，通过“有项目”与“无项目”的比较，用增量净现金流量计算财务内部收益率，考察项目的实施效果。由于既有企业不实施改扩建的“无项目”数据是固有的非零数据，在进行既有企业改扩建项目盈利能力分析时，要用“有项目”现金流量减去“无项目”现金流量得出“增量”现金流量，并依此计算项目的盈利能力。

3. 偿债能力分析。改扩建项目是由既有企业出面向银行借款，还款的财务主体也是既有企业。但是，既有企业为改扩建而借用债务资金后，无论项目实施完成后是否独立核算，多需要考察项目本身对债务资金的偿付能力。为此，改扩建项目的偿债能力分析宜进行两个层次的分析：

（1）项目层次：分析项目本身的偿债能力，若项目本身的还款资金不足，需要计算由既有企业额外补充的额度和既有企业的贴补能力及贴补资金来源。若项目范围内“无项目”时尚有借款（整体改扩建），应用“有项目”的整体收益一并偿还，需要编制“有项目”的借款还本付息计划，包括新增借款和原有借款。

（2）企业层次：根据改扩建后企业的经营与债务情况，估算企业的总体偿债能力。

4. 财务生存能力分析。改扩建项目只进行“有项目”情况下的财务生存能力分析。

8.1.5 改扩建项目经济评价要考虑项目对企业经济效益的影响。

改扩建项目是实现既有企业总体战略目标的手段，其目的在于通过项目实施，提高既有企业总体经济效益。对于有直接财务收益的改扩建项目，项目的增量收入或减少亏损一定会增加既有企业的经济效益；对于改善劳动条件，治理生产环境，保障安全生产的项目，既有企业不能直接获得财务收益，但可通过提高劳动效率和安全状况间接获取经济效益。

分析项目对既有企业的财务贡献，主要看销售收入和利润总额。对于整体改扩建项目，有条件时可做财务和经济净现金流量分析。

8.1.9 改扩建项目经济评价的简化处理。

改扩建项目一般要用到“有项目”、“无项目”、“现状”、“新增”和“增量”数据，增大了数据预测的工作量，有时必要的企业数据难以获得或可靠性较差，当偿债主体和经营主体异位时，还需要进行项目和企业两个层次的分析，这些均会造成改扩建项目经济评价的复杂化。在实践中，往往可将改扩建项目经济评价简化按新建项目处理。

1. 项目的投入和产出与既有企业的生产经营活动相对独立。在这种情况下，项目的边界比较清楚，可以进行独立核算，项目的费用与效益比较好识别，现金流入与流出容易测度，符合新建项目评价的基本条件，可简化处理。

2. 以增加产出为目的的项目，增量产出占既有企业产出比例较小。在这种情况下，既有企业产出规模大，项目的增量产出不会对既有企业现金流量产生较大的影响，项目实际上也相对独立，可简化按新项目处理。

3. 利用既有企业的资产与资源量与新增量相比较小。被利用的既有企业固定资产量小，说明“有项目”情况下的现金流入与流出基本不受既有企业的影响，新增投资是项目建设期内的主要现金流出，项目其他现金流入与流出也是总现金流的主要组成部分，所以可简化按新项目处理。

4. 效益和费用的增量流量较容易确定。“有无对比”是项目经济评价的基本原则，对比的目的在于得到增量现金流量并用于盈利能力分析。新建项目实际是改扩建项目的特例，即“无项目”时的净现金流量为零。因此，效益和费用的增量流量较容易确定时的改扩建项目评价可简化。

8.2 并购项目经济评价的特点

8.2.1 并购项目的特点。

并购项目包括兼并和收购。兼并是指一个企业采用各种形式有偿接收其他企业的产权，使被兼并方丧失法人资格或改变法人实体的经济行为。企业兼并的形式主要有承担债务式兼并、购买式兼并、吸收股份式兼并和控股式兼并。收购是指一个企业通过购买公司股份而使公司经营决策权易手的行为，包括企业收购和股权收购。

并购的目的在于取得管理、经营、财务协同效应，降低经营成本，或获得特殊资源，提高市场竞争力。

8.2.2 并购项目经济评价的内容。

并购项目经济评价的主要内容包括：目标企业所处行业地位与竞争对手，行业发展趋势，市场格局与前景；企业经营管理现状，资产与债务结构，盈利能力与管理水平，发展前景预测；测算并购成本，预测并购效益，判断并购企业价值；提出并购决策建议等。

8.2.5 并购项目评价的核心内容之一就是并购企业价值评估，这是决定并购企业股权转让价格的关键。企业价值是公司所有的投资人对于公司资产要求权价值的总和，可分为基础价值、内在价值和市场价值三个层次。

基础价值即净资产价值，是目标企业转让的价格下限；内在价值是目标企业在持续经营的情况下可能创造出的预期的现金流量价值，是目标企业的动态价值；市场价值是指并购完成后，经过总体重组与协同，使得外部交易内部化，生产要素重新组合，市场份额进一步扩展，消除或减轻竞争压力，绕过各种限制或贸易壁垒，规避各种风险和税收，提高垄断地位，拓展新的利润增长点，从而取得的规模经济效益。

确定合理的并购价格区间时，需要综合考虑企业的三种价值。并购价格估算方法包括收益现值法、财务比率法和账面余值调整法等。虽然并购价格的最终确定取决于市场，但并购价格的估算可为企业并购谈判提供价值基础。

收益现值法从目标企业未来收益的角度，在企业“持续经营”的假定前提下，将目标企业未来预测的现金流量折现，计算目标企业的收益净现值，作为目标企业的内在价值。收益现值法中所采用的折现率应为目标企业的加权平均资金成本。采用收益现值法估算目标企业产权交易价格。可由下式计算：

$$MAP = \sum_{t=1}^{n} \frac{CF_t}{(1+k)^t} + \frac{CF_{n+1}/(k-g)}{(1+k)^n} - L \qquad (28)$$

式中 MAP——应付兼并方的最高购买价格；

k——被兼并企业的加权平均资金成本；

n——被兼并企业预期成长的计算时间；

CF_t——被兼并企业在兼并后第 t 期所有资本产生的税后净现金流量；

g——被兼并企业第 t 期后的 CF_t成长率；

L——被兼并企业负债的市场价值。

CF_t的计算公式为：

CF_t = 经营利润 ×（1 − 所得税率）+ 折旧和其他非现金支出 −（增量运营资金和固定资产等支出）

8.2.6 并购项目效益评价。

并购效益包括企业自身的效益以及并购带来的企业整体协同效益。企业自身的效益包括资本经营效益、经济增加值、市场增加值三个方面；企业整体协同效益包括财务协同效应和经营协同效应。

资本经营效益：评价指标包括投资回报率、总资产收益率等，主要反映并购后的当期经营效益。将目标企业并购后的资本经营效益与并购前进行比较，从而衡量并购对目标企业所产生的绩效增长。

市场增加值：收购后目标企业的市场价值与收购前的市场价值的比较，其差额为市场增加值。

经济增加值（EVA）：收购企业将投资于目标企业的资本变现的收益与资本的机会成本进行比较，两者的差额就是企业的增值收益。

$$\begin{aligned} EVA &= (ROC - k) \times \text{现有资产的账面价值} \\ &= EBIT \times (1 - \text{税率}) - k \times \text{现有资产的账面价值} \end{aligned} \qquad (29)$$

式中 ROC——资本收益率 = $EBIT$ ×（1 − 税率）/现有资产的账面价值；

$EBIT$——息税前利润；

k——加权平均资金成本。

协同效应：包括财务协同效应和经营协同效应。其中，财务协同效应包括通过业务多样化来降低经营风险，或是收购一家资金短缺但有投资机会的公司获得的商业机会，或是收购一家享受税收优惠企业带来的税收节余等；经营协同效应是指由于目标企业控制着某种关键资源、技能或能力，如果与收购企业资源结合，将产生更大的价值。当处于同一业务领域的两家企业发生水平并购时，由于生产规模提高、成本降低，使边际利润水平提高；当收购原材料供应商或产品的分销商或零售商时，协同效应来自对价值链的更完整控制。分析经营协同效应，可采用有无对比和现金流量分析方法。

8.2.9 并购项目经济评价的重点。

并购项目经济评价应以并购成本分析和并购效益分析为重点，但项目评价时往往是资产评估机构和项目评价机构同时工作，或资产评估机构工作在先，项目评价时往往已取得并购企业的价值评估意见，在这种情况下，并购项目经济评价应以并购效益分析为重点，通过预先设定投资收益率、投资回收期等指标，分析得出最高可接受的并购成本。

《煤炭建设项目经济评价参数》
条　文　说　明

2　财务分析参数

2.0.2　煤炭行业发布的供项目财务分析使用的总投资收益率、项目资本金净利润率（即权益资金净利润率）、利息备付率、偿债备付率、资产负债率、项目计算期、折旧年限、有关费率等指标的基准值或参考值，在煤炭建设项目经济评价中可参考选用。

2.0.3　财务分析判据参数主要包括下列判断项目盈利能力的参数和判断项目偿债能力的参数：

1. 判断项目盈利能力的参数主要包括财务内部收益率（*FIRR*）、总投资收益率、项目资本金净利润率等指标的基准值或参考值。

2. 判断项目偿债能力的参数主要包括利息备付率、偿债备付率、资产负债率、流动比率、速动比率等指标的基准值或参考值。

2.0.4　财务基准收益率系指建设项目财务分析中对财务现金流量采用折现方法计算财务净现值的基准折现率，是衡量项目财务内部收益率的基准值，是项目财务可行性和方案比选的主要判据。财务基准收益率反映投资者对相应项目占用资金的时间价值的判断，应是投资者在相应项目上最低可接受的财务收益率。

2.0.6

1. 资本资产定价模型法。采用资本资产定价模型法测算财务基准收益率，在煤炭行业内抽取有代表性企业样本，以若干年企业财务报表数据为基础数据，进行风险系数、权益资金成本的测算，得出用资本资产定价模型法测算的行业最低可用折现率（权益资金），作为确定权益资金行业财务基准收益率的下限，再综合考虑采用其他方法测算得出的财务基准收益率并进行协调后，确定权益资金行业财务基准收益率的取值。

采用资本资产定价模型法（*CAPM*）测算权益资金行业财务基准收益率，应按下式计算：

$$k = K_f + \beta \times (K_m - K_f) \tag{1}$$

式中　k——权益资金成本；

K_f——市场无风险收益率；

β——风险系数；

K_m——市场平均风险投资收益率。

风险系数又称为β系数，是反映行业特点与风险的重要数值，也是测算工作的重点和基础。

风险系数的确定：

$\beta=1$，表示该单项资产的风险收益率与市场组合平均风险收益率呈同比例变化，其风险情况与市场投资组合的风险情况一致；

$\beta>1$，说明该单项资产的风险收益率高于市场组合平均风险收益率，则该单项资产的风险大于整个市场投资组合的风险；

$\beta<1$，说明该单项资产的风险收益率小于市场组合平均风险收益率，则该单项资产的风险程度小于整个市场投资组合的风险。

2．加权平均资金成本法。采用加权平均资金成本法（*WACC*）测算行业财务基准收益率（全部资本），应通过测定行业加权平均资金成本，得出全部投资的行业最低可接受财务折现率，作为全部投资行业财务基准收益率的下限。再综合考虑其他方法得出的行业财务基准收益率并进行协调后，确定全部投资行业财务基准收益率的取值。

采用加权平均资金成本法（*WACC*）测算行业财务基准收益率（全部资本），应按下式计算：

$$WACC = K_e \frac{E}{E+D} + K_d \frac{D}{E+D} \tag{2}$$

式中 $WACC$——加权平均资金成本；

K_e——权益资金成本；

K_d——债务资金成本；

E——股东权益；

D——企业负债。

权益资金与负债的比例可采用行业统计平均值，或者由投资者进行合理设定。

债务资金成本为公司所得税后债务资金成本。

权益资金成本可根据公式（1）采用资本资产定价模型确定。其中，无风险投资收益率（K_f）一般可采用政府发行的相应期限的国债利率；市场平均风险投资收益率（K_m）可依据国家有关统计数据测定。

测算行业财务基准收益率应选择相应行业中有代表性的一定数量的企业（项目），对其一定时期内的投资筹资、成本费用、财务效益、资产状况等实际情况进行调查，经过统计、分析与测算，结合各种主要因素对测算结果进行必要的调整后确定。

3．典型项目模拟法。采用典型项目模拟法测算行业财务基准收益率，应在合理时间区段内，选取一定数量的具有行业代表性的已进入正常生产运营状态的典型项目，按照项目实施情况采集实际数据，统一评估的时间区段，调整价格水平和有关参数，计算项目的财务内部收益率，并对结果进行必要的分析，结合需考虑的主要因素确定取值。

4．德尔菲（*Delphi*）专家调查法。采用德尔菲（*Delphi*）专家调查法测算行业财务基准收益率，应统一设计调查问卷，征询一定数量的熟悉本行业情况的专家，依据系统的程序，采用匿名发表意见的方式，通过多轮次调查专家对本行业建设项目财务基准收益率取值的意见，逐步形成专家的集中意见，并对调查结果进行必要的分析，结合需考虑的主要因素确定行业财务基准收益率的取值。

财务基准收益率的选用，应遵循下列原则：

（1）政府补贴（补助）投资的煤炭建设项目的财务分析宜采用行业财务基准收益率。

（2）企业投资等其他煤炭建设项目的财务分析中所采用的基准收益率，既可使用由投资者自行测定的项目最低可接受财务收益率，也可选用发布的行业财务基准收益率。

根据投资人意图和项目的具体情况，项目最低可接受财务收益率的取值可高于、等于或低于行业财务基准收益率。

2.0.7 煤炭建设项目财务分析中，总投资收益率和项目资本金净利润率是采用非折现方法判断项目盈利能力的指标，其参数的测定应符合下列规定：

1．总投资收益率（*ROI*）表示总投资的盈利水平，煤炭行业总投资收益率推荐指标为 10% 。

2. 项目资本金净利润率（*ROE*）表示项目资本金的盈利水平，煤炭行业资本金净利润率推荐指标为 8% 。

2.0.8 对使用债务性资金的煤炭建设项目，应进行偿债能力分析，考察项目法人能否按期偿还借款。判断项目偿债能力参数的选用与含义，应按下列规定：

1. 判断项目偿债能力的参数，应根据债务资金的特点和偿还要求确定。

2. 利息备付率（*ICR*）系指在借款偿还期内的息税前利润（*EBIT*）与应付利息（*PI*）的比值，利息备付率应分年计算，煤炭建设项目利息备付率不应低于 1。

3. 偿债备付率（*DSCR*）系指在借款偿还期内，用于计算还本付息的资金（$EBITDA - T_{AX}$）与应还本付息金额（*PD*）的比值，偿债备付率应分年计算，煤炭建设项目偿债备付率不应低于 1。

4. 资产负债率（*LOAR*）系指各期末负债总额（*TL*）同资产总额（*TA*）的比率，资产负债率应分年计算，煤炭建设项目资产负债率不宜高于 60% 。

5. 流动比率是流动资产与流动负债之比，反映法人偿还流动负债的能力，应按下式计算：

$$\text{流动比率} = \frac{\text{流动资产}}{\text{流动负债}} \tag{3}$$

煤炭建设项目流动比率介于 1.0 ~ 2.0。

6. 速动比率是速动资产与流动负债之比，反映法人在短时间内偿还流动负债的能力，应按下式计算：

$$\text{速动比率} = \frac{\text{速动资产}}{\text{流动负债}} \tag{4}$$

式中　速动资产 = 流动资产 - 存货

煤炭建设项目速动比率介于 0.6 ~ 1.2。

2.0.9 煤炭建设项目财务基准收益率。

煤炭建设项目投资财务基准收益率，代表着煤炭行业投资者应当获得的最低财务盈利水平，代表着煤炭行业内投资的边际收益率，是项目财务内部收益率指标的基准判据，也是项目在财务上是否可行的最低要求；因此，财务基准收益率确定的是否合理，对决策项目在财务上是否可行至关重要。如把该值确定过高，就有可能把一些本来在财务上合理的项目以财务评价不可行而拒之；反过来如果把该值确定过低，又有可能把一些财务上不具备生存能力的项目放行，造成投资的损失和浪费；也就是说此指标是煤炭行业投资准入的一道门槛。参数测定过程中考虑矿权费用纳入煤炭建设项目投资中；成本估算中补充安全成本、环境成本、可持续发展成本等；考虑煤炭增值税的上涨、资源税的调整等因素的影响。

3 经济分析参数

本章说明，请参照《方法与参数》第三版相关部分。

主要组织和编写人员名单

中国煤炭建设协会	毕孔耜　陈建平　白永喜
住房和城乡建设部标准定额研究所	胡传海　刘春林　刘　咏 朱　洪　林　艳　秦咸悦 史富文
煤炭工业规划设计研究院	黄　忠　王　岩
中国国际工程咨询公司	张宗玟　张豫生　王润卿
中煤国际工程集团南京设计研究院	曹淮明　岳向东　吕昌民
北京圆之翰煤炭工程设计有限公司	贺庆明
中煤国际工程集团武汉设计研究院	仵思红
中煤国际工程集团北京华宇工程有限公司	吴心静
煤炭工业合肥设计研究院	刘　凯
中煤西安设计工程有限责任公司	宋丰年
煤炭工业济南设计研究院	苏　苏　魏晓峰
昆明煤炭设计研究院	李　丹
天地科技股份有限公司	吴建华
内蒙古煤矿设计研究院	李雪峰
中煤国际工程集团沈阳设计研究院	齐　颖
北京惠斯特科技开发有限公司	赵　捷　许宏松
煤炭工业徐州工程造价管理站	储祥辉

陶树人、董红梅、李明哲、李开孟、刘涛、王彤、吴嘉林等同志参加了审查工作。